中國現代自傳叢書

丛书主编
张玉法 张瑞德

我的半生

陈鹤琴 著

 上海三联书店

图书在版编目（CIP）数据

我的半生 / 陈鹤琴著 . —上海：上海三联书店，2014.4
ISBN 978-7-5426-4535-7

Ⅰ.①我…　Ⅱ.①陈…　Ⅲ.①陈鹤琴 – 生平事迹
Ⅳ.① K825.46

中国版本图书馆 CIP 数据核字（2014）第 019256 号

我的半生

著　　者 / 陈鹤琴

责任编辑 / 陈启甸　王倩怡
装帧设计 / 罗　洪
监　　制 / 吴　昊

出版发行 / 上海三联书店
　　　　　（201199）中国上海市都市路 4855 号 2 座 10 楼
　　　　　http://www.sjpc1932.com
邮购电话 / 021-24175971
印　　刷 / 三河市华晨印务有限公司
版　　次 / 2014 年 5 月第 1 版
印　　次 / 2014 年 5 月第 1 次印刷
开　　本 / 630mm×960mm　1/16
字　　数 / 108 千字
印　　张 / 13

ISBN 978-7-5426-4535-7
K·246 / 定价：35.00 元

自传与历史——代序

张瑞德

在西方，对于研究文学理论的学者来说，近年来最重要的一个研究领域或许就是自传了。[注一]在台湾，自从军事戒严解除后，各种不同政治立场的自传和回忆录，都可在市面流通，造成了传记类书籍市场前所未有的蓬勃气象。《李宗仁回忆录》的畅销，《雷震回忆录》手稿的被焚，《孙立人口述回忆录》的陆续发表，也都成为社会上的热门话题。

在此，笔者打算利用这个机会，谈一谈自传这种作品的类型、形式，以及在历史研究上的重要性。希望能够借此澄清一些为社会大众所误解的观念，并且建立起对于历史研究的正确认识。

一

"自传"一词,《辞海》定义为"自述生平之著作",在中国过去被称为"自叙""叙传""自纪""自述"等。在英文里面,autobiography 一词从语源来看,指的是"自己"(*auto-*)对于"个人生平"(*bios*)的"叙述"(*-graphia*),也就是叙述自己生平的著作。^(注二)这些定义都简单明了,大家也都知道自传是什么东西,但是它到底包括哪些形式的作品呢?屈原的《离骚》、陶渊明的《五柳先生传》、刘鹗的《老残游记》算不算是自传?圣奥古斯丁(St. Augustine)的《忏悔录》(*The Confessions*)和狄更斯(Charles Dickens)的《块肉余生录》(*David Copperfield*)呢?对于这些问题,却是众说纷纭,迄无定论。近年来,有些学者甚至对自传的几个基本要素——"自己""个人生平""叙述",都加以质疑。因此,在过去的二十年当中,已有大量讨论自传定义问题的文章出版,有些人由于不满 autobiography 一词,干脆另造新字,如 autoportrait, autosociography, autoautography, autopsychography, autophylography, autobituography, autosoteriography 等。^(注三)一般说来,研究历史的人所关心的是自传中所提供的史料,所以较倾向于宽广的解释,笔者也不例外。

促使一个人写自传的动机有很多种，很少是只有一种的，但是我们仍然可以根据主要的动机，把自传分为以下几种类型：

第一种是"告解型"的自传，作者用写自传来消除心理上的罪恶感。最典型的例子，莫过于法国大思想家卢梭（Jean-Jacques Rousseau）所写的《忏悔录》（*Les Confessions*）了。在中国过去也有类似的作品，通常称为"自讼""自责""自诅"等。^{（注四）}近代的例子，如民国初年热心推动剧运的欧阳予倩，在他所写的《自我演戏以来》（1933）一书里，开宗明义就说："这篇文字是我前半生的自传，也就是我的忏悔。空在戏剧界混了许多年，毫无贡献，只剩下些断纨零绮的记忆，何等惭愧！追思既往，悲从中来，极目修途，心热如火！今后的记录当不至这样空虚罢！"^{（注五）}

第二种是"自我辩护型"的自传，作者用写自传的方式来替自己的一生或是一生中的某一特殊行动辩护。民国初年，因参与对日交涉，被指为卖国贼的曹汝霖，写《一生之回忆》的目的，即在"将五四风潮经过，作一具体的记述，以明真相"。^{（注六）}陈公博在《苦笑录》一书的自序中，也把他写回忆录的动机交待得很清楚：

> 什么是写这本书的动机呢？那是我完全为着打不平。我知道将来国民革命正史出版时，一定有许多事实被抹煞的，

一定有许多朋友受冤枉的，我为着打不平，所以要写这本书，我固然唤它是《苦笑录》，但读者喜欢时也未尝不可以唤它是《洗冤录》。[注七]

毫无疑问的，这本书所想"洗"的，并不仅仅是他朋友的"冤"而已。

至于西方最著名的"自我辩护型"自传，则要首推十二世纪初的法国神学家阿培拉（Peter Abelard）为了解释他和女弟子海罗伊兹（Heloise）的著名绯闻所写的自传——《我的不幸故事》（*Story of My Misfortunes*）。[注八]

第三种是"自剖型"自传，作者用写自传来剖析自己的行为模式。例如明末学者张岱，就曾经在他自己预先撰就的墓志铭中，对他个人的性格和生活方式，做了以下客观的剖析：

少为纨绔子弟，极爱繁华，好精舍，好美婢，好娈童，好鲜衣，好美食，好骏马，好华灯，好烟火，好梨园，好鼓吹，好古董，好花鸟。兼以茶淫橘虐，书蠹诗魔，劳碌半生，皆成梦幻。年至五十，国破家亡，避迹山居，所存者破床碎几，折鼎病琴，与残书数帙，缺砚一方而已。布衣疏食，常至断炊。

　　回首二十年前，真如隔世。常自评之，有七不可解。向以韦布而上拟公侯，今以世家而下同乞丐，如此则贵贱紊矣。不可解一。产不及中人，而欲齐驱金谷，世颇多捷径，而独株守於陵，如此则贫富舛矣。不可解二。以书生而践戎马之场，以将军而翻文章之府，如此则文武错矣。不可解三。上陪玉皇大帝而不谄，下陪卑田院乞儿而不骄，如此则尊卑溷矣。不可解四。弱则唾面而肯自干，强则单骑而能赴敌，如此则宽猛背矣。不可解五。夺利争名，甘居人后，观场游戏，肯让人先。如此则缓急谬矣。不可解六。博弈摴蒱，则不知胜负，啜茶尝水，则能辨渑淄，如此则智愚杂矣。不可解七。有此七不可解，自且不解，安望人解？故称之以富贵人可，称之以贫贱人亦可；称之以智慧人可，称之以愚蠢人亦可；称之以强项人可，称之以柔弱人亦可；称之以卞急人可，称之以懒散人亦可。学书不成，学剑不成，学节义不成，学文章不成，学仙学佛，学农学圃俱不成，任世人呼之为败子，为废物，为顽民，为钝秀才，为瞌睡汉，为死老魅也已矣。"(注九)

　　十九世纪末，英国作家戈斯（Edmund Gosse）所写的《父与子》(*Father and Son*)，也是一本著名的"自剖型"自传。作者出身于一个清教徒家庭，青少年时代曾饱受家庭的束缚。在这本书中，他对他和他父亲之间的关系，有深刻真实的描绘。

最后一种是"好为人师型"的自传。事实上，抱着这种动机写自传的人最多。作者自认为他的一生颇有值得他人学习之处。大多数的人当然不会用"学习"这个词，谦虚一点的人会用"参考""借镜"，洋派一点的人则会用"分享"，但是意思都是一样的。如李璜在写完他的《学钝室回忆录》后，"尚觉对此半世纪中，我国家之空前变局，从我所经历各方面事况，前一事影响后一事，历历可见其变之所由来，似乎能为治中国近代史学人之一助"（注一〇）；顾祝同认为他的《墨三九十自述》"有不少可以供后代子孙认识与体会的地方"（注一一）；邓文仪则认为他的回忆录《老兵与教授》"或可作为努力复兴民族，重建中国，多难兴邦的青年们参考"。（注一二）这类自传，有时确实也能达到预期的目的，例如英国作家毛姆（William S. Maugham）的《总结》（*The Summing Up*），用朴素的笔调，介绍他自己的人生哲学和文学经验，至今已成为有志从事写作工作者所乐用的一本入门书籍；一些大企业家自述白手成家或是"反败为胜"经过的回忆录，也是那些想要"追求卓越"的商界人士，以及未来的商界人士，所不会错过的书籍。

有一些和自传形式相关的文体，是写自传的好材料，也可称之为"非正式自传"或是"准自传"，重要的有以下几种：

（一）日记：是逐日记述个人日常生活的作品，凡是起居、饮食、言谈、交际之类的琐事，都有详细的记载，所以可表现出作者个人的感情、思想、性情、行为、学问、文章等，像胡适的修业日记、吴稚晖的社交日记、鲁迅的感想日记、周作人的琐事日记、郁达夫的文艺日记等，都是最好的例子。[注一三]有些日记是有意要给后人读的，像胡适记日记，就特别采用美国最名贵的一种高级精装日记本，以便保存。[注一四]也有的日记并没有想到有一天会被出版，因此直言不讳，像宋教仁就曾经在日记里披露了他的同性恋经验。[注一五]

（二）信函：像司马迁的《报任少卿书》，就是一篇重要的自传文字。经过整编的个人书信集，往往具有极高的史料价值，例如路易士（W. S. Lewis）为十八世纪英国作家华尔波尔（Horace Walpole）所编选的书信集即为一例。这部书从1937年开始陆续出版，一共出了34册，到1965年才完全出齐，堪称巨构。又如许广平所编的《鲁迅书简》(1952)，虽然只有二册，其中也有不少很好的传记材料。信件作为史料，自然是多多益善，但是古人并不这样想。汪士铎编《胡林翼集》，征求曾国藩的意见。曾回信表示寄来所抄批牍二册是稀世之宝，尺牍奏稿也美不胜收："吾辈爱人以德，要贵精选，不贵多取，尝一勺而江水可知，睹片毛而凤德已具，似毋庸求益而取盈也。"很明显的，他是主张以文学价值的高低，作为选录的标准。由于曾国藩主张精选，所

以后来他的门生故吏在替他编全集的时候，也有不少重要史料遭到摈弃的命运，实在是一大损失。^(注一六)

在过去没有电话的时代，个人信件的数量自然要比现在多得多，要想收集完备，自非易事。不过，好在至少从宋代开始，官场中就已经有退还书信的风气，减少了收集的困难。根据清人平步青《霞外捃屑》一书的记载："今官场书牍往还，或非僚属而禀从谦抑者，辄以原信名版璧还。"作者并且举宋代宰相赵普为例。赵普始为节度使，贻书台阁，得者必封还，如有不还的，就会被视为怠慢，而被大骂。^(注一七)时至今日，好像只有情侣分手时，才会出现退还信件的场面。

（三）回忆录：所记载的通常是作者认为重要的人和事。有专门回忆人物的，例如萧红的《回忆鲁迅》（1949）、何香凝的《回忆孙中山和廖仲恺》（1957）、蒋经国的《我的父亲》（1956）、钱穆的《八十忆双亲》（1983）和卢国纪的《我的父亲卢作孚》（1984）；有专门回忆事件的，如孙文的《伦敦被难记》（*Kidnapped in London: Being the Story of My Capture by, Detention at, and Release from the Chinese Legation, London*）（1897）、梁启超的《戊戌政变记》（1898）、周善培的《辛亥四川争路亲历记》（1957）、张发奎的《抗日战争回忆记》（1981），也有专门回忆地方的，如曹之冠的《我住长江头》（1979）、何辑五的《贵州政坛忆往》（1982）、以及李梦九的《我的故乡——忆山东省平度县旧事》（1982）。回忆录和自传不同之处，在于前者较重视作者所身处的社会和历史背景，而较不重视作者个人的私生活，有时作者甚至很少提到自己，像何辑五的《贵州政坛忆往》即是一例；和回忆录完全相反的是专门记载个人宗教经验的精神自传（spiritual autobiography），这种自传所强调的是精神生活，社交活动反而居于次要地位。不过一般说来，自传和回忆录在中国的分别并不太大，通常用"自传"这个名称的较少，而用"回忆录"的较多。

二

作为一种史料而言，自传最常被人提起的缺点，大概有以下两种：

第一，自传中的材料极为主观，且不尽真实。自传既然是由一己的经验出发，偏见自然是无法避免的，而且隐己之短，称己所长，也是人之常情。文字学家马叙伦曾在他的回忆录《我在六十岁以前》（1947）中自称，1916年汤尔和向教育总长范源廉推荐蔡元培担任北大校长、陈独秀担任文学院长，乃是出自他的建议。[注一八] 但是曾亲眼看过汤尔和日记的胡适却不相信这种说法，马叙伦显然有自我膨胀的嫌疑。^(注一九)国人写自传，在提到别人的时候，又必须遵守"为尊者讳，为亲者讳，为贤者讳"的规范。汉代的王充在《论衡》一书的《自纪篇》中，说他的"父祖不肖，为州闾所鄙"，结果被后人指为名教罪人。^(注二〇)在这种社会压力下，要说老实话可还真不容易呢。

又有的自传作者，或许是天生风雅多趣，或许是为了怕读者念了他的自传会打瞌睡，喜欢在自传中加入一些虚构的情节。像《罗素自传》（*The Autobiography of Bertrand Russell*）里提到有一次罗素拿了一篇文章给赵元任看，并且把题目念给他听：《今日动乱的起因》（Causes of the Present Chaos），赵听了之后答道："我想今天动乱的起因，都是由于过去姓赵的缘故。"（Well, I suppose, the causes of the present Chaos are the previous Chaos.）赵元任晚年看了《罗素自传》，却否认有此事。^(注二一)罗素虽是个理性主义者，但是却常做一些不合理性的事，这个故事想必也是他一时兴起的杰作。像这种不伤大雅的虚构情节，读者看了虽然津津有味，却替史家造成不少困扰。更有的自传文字，根本就是有意造假。例如在大陆，曾有人写了一篇回忆录，送给《近代史资料》杂志刊登。作者自称参加过 1927 年的"八一南昌起义"，文章一开始就描写 8 月 1 日当天月亮是如何的明亮美丽。经过编辑的检查，发现 8 月 1 日那天阴

历是七月初四，月亮不会是明亮美丽的，只好退他的稿子。^(注二二)

第二，自传大多数是根据事后多年的记忆写成的，而记忆常会遗漏、错误，因此不尽可靠。相对的，日记和信件，由于通常是在事件发生当时，或是发生后较短的时间内所写的，故较为可靠。事实上，记忆力可靠的程度确实比我们所想象的为低。例如著名的画家齐白石请他的朋友替他编写年谱，当时他已快 90 岁了，"回忆往事，每不能记为何年，有时先后差上十几年，他也不在乎"。^(注二三)人上了年纪以后，记忆力减退是自然的现象，但是我们有时候居然会连一些极为重要的事，也会忘记。曾经有人把二次大战期间所发生的事件，和大战结束后所出版的一些回忆录加以比较，结果发现大多数的人甚至连最不可能忘记的事都会忘记。例如有位作家费特（Richard Fitter）就不记得他曾经到过英格兰的科芬特里（Coventry），当别人把他本人亲笔所写的记录（包括与当地要人的一些重要谈话）拿给他看的时候，他仍然不敢相信。

记忆除了会遗漏外，也会修正。一般人总认为能够记得住的东西应该是正确可靠的，但是事实上并非如此。我们在回想的时候，常会夸大某些事件，并且依照后来的经验和现在的需要重新加以解释。例如人们在回想战时的经验时，就常会不自觉地加以修改，以符合社会所认可的行为规范。像 1939 年二次大战爆发，当时有个住在伦敦附近的小女孩，由于当时正在家弹钢琴，因此没有听到英国首相张伯伦（Neville Chamberlain）的对德宣战广播，也没有听到警报声。但是她后来回忆时，却说她当时是和父母聚集在客厅里收听广播，并且还被警报声吓坏了。这些事后的说辞，和她当年所留下的原始文件完全不符。^{（注二四）}

自传史料虽然有如此多的缺陷，但是史家仍能加以补救，因为天下没有一种史料是完美无缺的，如果能够广泛搜集各种不同形式、来源及立场的史料，加以鉴别、考证，求得尽量客观的史实，并非不可能的事，这也是史家的看家本领。一些重要的自传，在出版前如能由史家加以编注，如罗尔纲之于《忠王李秀成自传原稿笺证》（初版1951，增订版1958），唐德刚之于《胡适口述自传》（1981），李锷、汪瑞炯、赵令扬之于《苦笑录——陈公博回忆（一九二五——一九三六）》（1979）；或是在出版后，由史家加以考释，如吴相湘之于《西潮》（1959）^{（注二五）}、陈存恭之于《李宗仁回忆录》（1980）^{（注二六）}，将有助于他人利用这项材料，一般读者看了也比较不会"误入歧途"。

至于说我们在回想的时候，常会依照后来的经验和现在的需要重新加以解释，这个问题需要较为详细的讨论。我们所作的这类重新解释，看起来似乎是不对的，但是事实上却是很正常的现象。一般人和史家一样，每个人都不断地重写他自己的历史，因为在某一特殊事件发生当时，很难预测这个事件对未来会有怎样的影响，或是有多大的影响。例如一个人在宗教信仰改变后，对于他整个过去的看法，或许就会有很大的不同之处。早期基督教会领袖圣奥古斯丁（St. Augustine）在信奉基督教以后所写的回忆录中，对他自己一生所作的分期和解释，很明显的就和他在信基督前大不相同。（注二七）

一个人在写自传时所容易犯的错误，其实和一个史家在写历史时所面对的问题并没有太大的不同。一个世纪以前的史家们，相信兰克（Leopold von Ranke）的名言"叙述事情事实上是如何"（"Wie es eigentlich gewesen ist"）是可以实现的，但是现在却没有史家会相信这句话可以做得到。史家汤普森（William I. Thompson）就曾说过："我们是在自己的磁场内吸引史实。"由此可见，写自传和写历史的区别已经日渐缩小，两者都很容易犯从现在看过去（Presentism）的毛病。史家所写的历史，难道不也是史家所作的一种解释？历史著作不也和自传一样，都是过去和现在的一种互动？不过，即使如此，自传作者和史家还是有不同之处。自传作者由于本身就是利害关系人，所以较难客观，而史家虽然也会受到他所处时代的影响，但是由于和他的研究对象距离较远，所以可以较为公正。这是史家的长处，不过同时也是短处。因为和研究对象的距离较远，往往就容易丧失脉络感（a sense of context）。（注二八）

三

最后，在此将自传对各个不同领域的历史研究所可能有的贡献，举例说明如下：

（一）政治史。大家都知道，自传的最大特色在于它是局内人的回忆，因此常能提供特别珍贵的材料。由于世界各国对于最近的档案大多不予公开，所以自传常常也是唯一能够找得到的第一手史料，例如前几年史家要想研究1956年的苏伊士运河危机，那么除了英国首相艾登（Anthony Eden）的回忆录外，就没有其他的直接史料可以利用。^{（注二九）}

（二）经济史。我们从一些实业家的自传，像是陈嘉庚的《南侨回忆录》（1946）、穆湘玥的《五十自述》（1926），可以看出当时中国工商业发展的情形、经营管理的方法、中外商业的竞争，以及官商之间的关系。即使是一般人的自传，我们也可以从其中发掘出有关各地物产、赋税、物价、租佃、交通、贸易、货币、金融等方面的资料。

（三）日常生活史。除了衣食住行外，自传还能提供我们有关各地方言、宗教、礼俗、节庆、教育、娱乐、乡谊宗族组织、争讼、治安、灾祸等资料，学者赖芮（Diana Lary）即曾以回忆

录的资料为主，重建二次大战前中国士兵的生活。^(注三〇)

（四）心理传记（psychobiography）。从自传中可以看出作者的心理状况、态度、价值观念及行为模式，笔者即曾经利用蒋梦麟所著自传《西潮》一书，对其早年心理上的价值冲突与平衡，作过初步的探讨。^(注三一)

（五）儿童史。对于儿童史感兴趣的人，也是不会放过自传这项材料的。几乎所有的自传或多或少都会描述早年的生活，少数的自传甚至对童年时期有相当详尽的记载。像明代德清和尚的自传，其中有关童年部分所占的比例，就可以和文艺复兴时期欧洲最好的自传相比而毫不逊色。^(注三二)近代以来，有些回忆录甚至完全只写童年，例如郭沫若著《我的幼年》（1929）、落华生（许地山）著《我底童年》（1941）、萧军著《我的童年》（1982）、陈白尘著《寂寞的童年》（1985）、蒋彝著《儿时琐忆》（*A Chinese Childhood*）（第三版，1953）、高尔基（Maxim Gorki）著《我的童年》（*My Childhood*）（1965）等都是。所以史料并不虞匮乏。一般说来，自传中最为生动可信的部分，大概就是童年时代了。胡适曾说过："一切自传，最特殊的部分必定是幼年与少年时代。写到入世做事成名的时期，就不能不有所顾忌，不能不'含蓄''委婉'了。"^(注三三)最近，美国一位文学史家也表示："大致说来，从浪漫时代直至今天，自传最生动的部分，都是有关童年时期经验的。"^(注三四)因此，自传中的儿童史料值得我们重视。

（六）妇女史。女子所写自传文字的数量，通常要比男子少，中国也不例外，李又宁曾搜集近代中国妇女的自叙文字，编选为《近代中华妇女自叙诗文选》（第一辑，1980）。如果要研究近代中国妇女的生活内容，以及她们所面临新旧价值观念的冲击、婚姻选择的苦闷、家庭与事业间的彷徨，这本书是重要的史料集。

（七）心态史。过去史家在解释某个时代的心态时，所列举的证据大多是一些哲学家和思想家的言论，把他们的意见视为可以代表整个社会。事实上，这些意见在当时或许只是少数人的意见^(注三五)。近代以来，自传作者不再像过去一样只限于少数人，而是来自社会的各个阶层^(注三六)，因此我们直到现在才可以比较全面地了解某一时期的舆论，甚至可以观察出长时期社会心理的趋向。

四

写到这里，有两点感想：

第一，把一些极度主观、片面的史料放在一起，结果反而可以组成一个客观的历史实体，历史就是这么奇妙的一门学问。

第二，有人说"史料永远不会比历史差"，就自传而言，确实是如此。

附　注

注一："Editorial Note," *The Southern Review*，22：2（April 1986），p.221.

注二：Georg Misch，*A History of Autobiography in Antiquity*. Translated by E.W. Dicks（Cambridge, Mass.：Harvard University Press, 1951）, p.5.

注三：关于这方面最近的讨论，可参阅 H. Porter Abbott，"Autobiography, Autography, Fiction：Groundwork for a Taxonomy of Textual Categories," *New Literary History*，19：3（Spring 1988），pp.598-599.

注四：Pei-yi Wu，"Self-Examination and Confession of Sin in Traditional China," *Harvard Journal of Asiatic Studies*，39：1（1979），pp.5-38.

注五：欧阳予倩，《自我演戏以来》（上海：神州国光社，民国二八年），页二。

注六：曹汝霖，《一生之回忆》（香港：春秋杂志社，1966 年），页一。

注七：李锷、汪瑞炯、赵令扬编注，《苦笑录：陈公博回忆（一九二五——一九三六）》（香港：香港大学亚洲研究中心，1979 年），页六。

注八：Karl Joachim Weintraub，*The Value of the Individual：Self and Circumstance in Autobiography*（Chicago：The University of Chicago Press，1978），Chap.4.

注九：张岱，《自为墓志铭》，收于杜联喆辑，《明人自传文钞》（台北：艺文印书馆，1977 年），页二一七。

注一〇：李璜，《学钝室回忆录》（台北：传记文学出版社，1973 年），自
　　　　序。

注一一：顾祝同，《墨三九十自述》（台北："国防部"史政编译局，1981
　　　　年），页一。

注一二：邓文仪，《老兵与教授》（台北：实践出版社，1984 年），页
　　　　一九四。

注一三：王元，《传记学》（台北：牧童出版社，重排本，1977 年）页
　　　　三五。

注一四：唐德刚，《胡适杂忆》（台北：传记文学出版社，1979 年）。

注一五：朱浤源，《宋教仁的革命人格》，未刊硕士论文，台湾大学政治
　　　　研究所，1977 年。

注一六：陈恭禄，《中国近代史资料概述》（北京：中华书局，1982 年），
　　　　页一五八——五九。

注一七：平步青，《霞外捃屑》（笔记小说大观本），卷一，页六。

注一八：马叙伦，《我在六十岁以前》（上海：生活书店，民国三六年），
　　　　页六二一六三。

注一九：Chow Tse-tsung, *The May Fourth Movement : Intellectual
　　　　Revolution in Modern China*（Cambridge, Mass : Harvard
　　　　University Press, 1960）, p.139.

注二〇：浦起龙，《史通通释》（商务国学基本丛书本），上册，页七一。

注二一：汪荣祖，《史传通说》（台北：联经出版事业公司，1988 年），页一〇七。罗素和赵元任的对话，系经笔者重译。

注二二：荣孟源，《关于史料的鉴别》，收于高默、江溶编，《怎样学习和研究历史》（北京：中国青年出版社，1985 年），页一〇七。

注二三：黎锦熙编，《齐白石年谱》（上海：商务印书馆，1949 年），序。

注二四：David Lowenthal, *The Past is a Foreign Country*（Cambridge：Cambridge University Press，1985），pp.206-207.

注二五：吴相湘，《蒋梦麟〈西潮〉考释举例》，《传记文学》，第十七卷第六期（1970 年 12 月）页五七—六二。

注二六：陈存恭，《评〈李宗仁回忆录〉——兼论新桂系与中央的关系》，《国史馆馆刊》，复刊第一期（1987 年元月），页一七三—二一八。

注二七：Lowenthal, *The Past is a Foreign Country*, p.207.

注二八：Kenneth D.Barkin, "Autobiography and History," *Societas-A Review of Social History*, 6：2（Spring 1976），pp.89-92.

注二九：John Tosh, *The Pursuit of History：Aims, Methods and New Direction in the Study of Modern History*（London and New York：Longman Group Ltd.，1984），p.32.

注三〇：Diana Lary, *Warlord Soldiers：Chinese Common Soldiers, 1911-1937*（Cambridge：Cambridge University Press，1985）.

注三一：张瑞德，《蒋梦麟早年心理上的价值冲突与平衡》，《食货月刊》，
复刊第七卷第八期（1977 年 11 月）。

注三二：根据一项统计，十六世纪意大利雕刻家柴里尼（Benvenuto
Cellini）的自传英译本共有三八一页，但是其中有关他 15 岁
以前所发生的事，只占了四页的篇幅。参阅 Peiyi Wu, "The
Spiritual Autobiography of Te-ch'ing," in Wm. Theodore de
Bary, ed., *The Unfolding of Neo-Confucianism*（N.Y.: Columbia
University Press, 1970）, pp.70–72.

注三三：沈宗瀚，《沈宗瀚自述》（台北：正中书局，1975 年），胡适序。

注三四：Jerome Hamilton Buckley, *The Turning Key*: *Autobiography and
the Subjective Impulse since 1800*（Cambridge, Ma: Harvard
University Press, 1984）, p.46.

注三五：Jan Szczepanski, "The Use of Autobiographies in Historical Social
Psychology," in Daniel Bertaux, ed; *Biography and Society*:
The Life History Approach in the Social Sciences（London: Sage
Publication, Ltd., 1981）, pp.232–233.

注三六：蒋永敬教授曾就 1962 年至 1982 年之间台北《传记文学》杂
志作者的职业，加以统计分析，结果显示：学术、教育工作
者约占百分之二十三、职业作家及文艺工作者占百分之十一、
外交工作者占百分之十四、军事工作者占百分之七、司法工

作者占百分之五、医学工作者占百分之三、工商业者占百分之八、工业及其他专业者占百分之十一、民意代表占百分之十六、其他占百分之二。参阅：蒋永敬，《〈传记文学〉二十年来的作者》，《传记文学》，第四十一卷第一期（1982 年 7 月），页五〇。《传记文学》杂志所刊登的文章，大部分是自传性质的作品，因此这项统计应能显示自传作者职业多元化的趋势。

出版说明

　　《中国现代自传丛书》是由著名学者张玉法、张瑞德主编，台湾龙文书局于二十世纪八十年代首次出版的一套现代中国人物自传。作者分别来自政治、军事、经济、金融、教育、新闻、出版、学术、文艺、宗教各界，具有一定的代表性。《中国现代自传丛书》以兼容并蓄的方式，容纳不同立场、不同角度的作品，尽量保留各方面的记录，为读者展示历史的多种断面。自传写作时间多在上个世纪前半期，一定程度上反映了当时的历史面貌、人文特色及语言习惯，具有史料价值。

　　丛书所选作品，有些系首次公开发表，有些绝版已久、流传不广，有些虽有重印，但内容欠完整。为使作品保持原汁原味，忠实于历史记录，此次出版尽量保持原貌，不伤筋动骨。除对个别地方进行必要的技术处理外，其余均一仍其旧。我们的主要工作包括以下几项：

一、将原书中的竖排繁体字改为横排简化字，并改动明显的错别字。

二、原文中外文地名、人名等的译名，除个别极易引起歧义的，均按原书译法不做改动。

三、虚词"的"、"地"、"得"按现行规范区别使用。标点符号参照现行规范进行适当改动。

四、参照 2012 年 6 月实施的《出版物上数字用法》国家标准，在"得体""局部体例一致""同类别同形式"原则下，对原文中的年龄、年月日、数字等汉字数字均不作改动（引文、表格和括号内特别注明的除外）。中华人民共和国成立后的年、月、日统一采用公元纪年法表示。

陈鹤琴（1892—1982）小传

　　陈鹤琴，浙江上虞人，1892 年生。1899 年，入读私塾 6 年。1906 年，入杭州蕙兰中学，1910 年毕业。翌年，考入上海圣约翰大学，后转入清华学校高等科。1914 年，自清华学校毕业，旋考取公费留学，赴美入约翰·霍普金斯大学。1917 年夏，获大学士；秋，入哥伦比亚大学师范学院。翌年，获哥大教育硕士学位，旋转入心理系攻读博士学位。

　　1919 年，应南京高等师范学校校长郭秉文之邀，返国于该校任教。1923 年，创办鼓楼幼稚园，并兼东南大学教务主任。1927 年 3 月，主编《幼稚教育》（月刊）；6 月，任南京特别市教育局第二科科长，主管普通教育。1929 年 9 月起，任上海工部局华人教育处处长，达十一年之久。翌年 7 月，发起中华儿童教育社，被推选为主席。1934 年夏，赴欧洲十一国考察教育。1938 年 7 月，和陈望道等共同发起上海语文学会，提倡拉丁化新文字运动，被推为理事长。翌年 6 月，与陈选善等共同发起上海市成人义务教育促进会，任理事长。1941 年元月，主编《活教育》(月刊)。抗战胜利后，返上海任教育局督导处主任督学，创办上海市立幼稚师范学校。1947 年 2 月，创立上海儿童福利促进会，任理事长；3 月，筹创上海特殊儿童辅导院，兼任院长。

1949 年南京解放之后，中央大学更名南京大学，陈鹤琴任师范学院院长。1953 年，全国院系调整后，改任南京师范学院院长。1958 年，于批判资产阶级个人主义运动中遭受批判，被调至北京社会主义学院学习年余。文化大革命时，曾二度被下放至农村参加劳改。1979 年，任江苏省人大常委会副主任，被推选为中国教育学会名誉会长、全国幼儿教育研究会名誉理事长、江苏省心理学会名誉理事长。1982 年 12 月，病逝南京。

毕生从事教育事业，著述甚丰，计有专著、教科书、讲义、论文、实验报告、儿童课本及儿童课外读物等，共三百余万字，经北京市教育科学研究所编为《陈鹤琴全集》(六卷) 行世。

目　录

卷头语

去年夏天，朱君泽甫很恳切地对我说："我愿追随先生数月，把先生的生平言行，详细记录下来，以做青年的宝鉴。"

我说："我的言行那里可以做青年的宝鉴。况且，我如此之忙，那里有时间来顾到这些琐屑的事情呢！"泽甫的盛意，只得心领而已。

到了秋凉，告假赴甬休养。朱君铭新想我客居无聊，就来书怂恿我从事著作。他说："'我之一生'，确是个极好题目。把一生的事略回忆一下，真够味儿。况且你五十岁时，可以把这本书送给老太太做一份寿礼，何等光荣！"

这一句话，打动了我的心弦，泽甫把我的言行做青年的宝鉴，我是不敢当的。铭新叫我做份寿礼送给我八十四岁的最慈爱的老母亲，那我不敢推辞了。

写的动机虽然有了；但是书的名称、内容、体裁都是有问题的，而且我的文笔非常笨拙，这种编著重任能否担当得起，也是个问题。思考再三，不敢动笔。

圣诞节前，我感于佳节之无聊，就从上午九时到下午三时，一口气把《圣诞老人》这篇文章写成功，写了之后，觉得这种故事式的写法，也可以应付，就想把我的生平从头至尾写出来，以作为我七个小孩子做人的参考。

圣诞佳节是在叶运隆兄家里度过的，叶师母问我："你的传记写得怎样了？"我说："最近只写了一篇《圣诞老人》。对于写传记，觉得实在不易着笔，我有什么东西可以传给后世，值得记下来呢！"

她说："你的童年，你的求学情形，你的奋斗经过，你的事业，你的处世接物，都值得纪念，值得流传，值得做青年的模范。"

我说："我有两个理由，要写这本传记，第一个理由是我可以借此告诉我的七个小孩子，使他们彻底的认识我；第二个理由是我可以借此做我自己下半世的借镜，所谓检讨过往，鞭策来兹，若把我作为青年模范，那似乎有点不配呢。"

关于书名，铭新建议为《我之一生》，当初我看了这个名称，就感觉到我的一生还没有完，如何可称《一生》呢？

我虽年近五十，而精神饱满，自觉犹如二十来岁的青年，倒不如称《我之半生》来得好，但仔细一想，这个名称也不妥当。黄君仲苏建议两个名称：一为《行年五十》，一为《五十之年》。这两个名称都是很文雅，也很确切，但觉其太多，还不若《五十回忆录》这个名称，来得直截了当。

今年春游重庆得逢故旧陶行知兄，请其为《五十回忆录》做一篇短序，并将这本自传题名来源说了一遍，他说："《我的半生》比《五十回忆录》来得新颖，来得确切，来得有意义。顾名思义，半生事业还在后呢！"

书的体裁也是很难定夺，传记式的叙述似乎嫌太枯燥。故事式的描写，倒来得活泼生动。遂拟定纲目想仿照《爱的教育》的体裁，一个小题目写一短篇。不料连写了几篇，篇篇都是很长。不得已只有在篇中再行分段而已。

这本书原定一口气写完的。不料在宁波写了一个月之后，各方函电催促邀我到重庆、江西去了。所以只写了上卷，从祖宗写起到游学为止，回国后二十二年中我究竟干些什么事，我怎样组织家庭，我怎样教小孩子，怎样教导人，怎样帮助人，怎样研究学问，这种种问题，只有待诸将来再答复吧。

序一　行年五十尚婴儿

郑宗海

当民国肇建之年，我负笈渡海，北上京师肄业北京西郊之清华学校。那时情形，现在回想，犹不啻如昨日事，然而却已一世了。其时同班同学中，略举数例，如金岳霖、廖世承、孟宪承、李冈、吴钦烈、李广勋诸兄等等，既各以其所擅长之学术鸣于当世，而同班中尚有一位身体强健、精神饱满、日致力于乡村服务，萦心于同学之福利与修养的，便是今日我国初等教育界所共仰的陈鹤琴教授。陈教授早就抱了"人生以服务为目的"之主旨，当时清华园附近一带村庄，南起大钟寺，西至海淀，早就踏遍了这个青年天使的足迹。每到圆明园的废墟映着夕阳残照的时候，他才和一班野老村童分别回校。有时还去上夜课，那便须携着灯笼，从这些稀疏村落，又沿着曲径驰道，迤逦而归了。原来从他的精诚热血而言，他已不啻是《醉人妻》作者的裴士德洛齐（Pestalozzi），因为他服务心的强盛，所以后来方力排众议，挺身而应上海工部局教育委员会之礼聘，肆力以谋东亚第一大埠租借地带内国人教育机会之改进与扩充。苦志毅力，和平奋斗，悉心整理，迈步猛晋，垂十余年，使上海租界教育，所以沾被国人者，今日已有广大坚强之基础，便可见陈教授的精神为不虚废。然而从当日北京的乡村以至现在若大繁华富庶的都会，虽然事业不同，环境大异，却都由服务心所驱使，责任心所秉持，那便是无疑的了。

当其留学美国，初入约翰·霍普金斯大学，从生物学权威吉银斯教授（Prof. Jennings）等游，益潜发其研究自然之兴味，继而入哥伦比亚大学师范学院，久坐名师桑戴克教授（Thorndike, Edward L.）之绛帐，遂奠定其后来研究儿童心理之动机。陈教授在国立东南大学时，于此先后成二巨著，多本实地观察或实验之结果，筚路蓝缕，在我国允为斯学之开山始祖。

其服职上海时，殚心竭虑于教科书与儿童读物之编纂，每从儿童生活与经验中找材料。又于编教科书时，更按心理学习原则，将复现重温，筋肉表现，认识辨别（如缺图填补）等原则，组织于译文排列构造之中，惨淡经营，得未曾有，先后成幼稚课本、小学国语与初等英语教科书各若干册。此等原则逐渐为教科书所普遍应用。后之人但见其沾溉之广而忘其倡导之功了。

今陈教授以年届五十，将有自传之编，以昭示来者，狠以相知，嘱就所见撰一短篇，俾附骥尾。氛祲滔天，漂流无地，泚笔直书，不文滋其！愧以同庚，无所成就。岁月不居，感慨徒深。唯是五十方当孔子学易之年，近美国发明家里平教授（Pupin Michael）谓事业生命始于四十"Life begins at forty"，且著书以证其说。陈教授精力本强，则将来之事业更无限量，吾兹预祝其七十、八十岁时自传之相继与世人相见，而吾亦愿得及读其未来之书，倘真所谓"不知老之将至"！偶读杨廉夫诗，见有"五十狂夫心尚孩，不受俗物相填豗"之句，（案下句原见《李长吉集》）陈教授为儿童心理学者，而其性情纯粹，兴味浓郁，颇有似于老子之所谓"婴儿"。我虽自遭此次重大国难之后，创巨而痛深，但对于人类，对于文化，对于知识艺术的兴味，自问盖犹未减，窃幸尚有仿佛于"婴儿"之一体者。婴儿婴儿，殆实为人世生命之鹄的！故我更愿陈教授永为"婴儿"，即以是为陈教授寿。

海宁郑宗海晓沧草于东缙云时念九年三月八日

序二　永远微笑的儿童教育家

俞子夷

　　鹤琴先生写信来，说是五十岁了，我有些不信。我记得他是一位美少年。在南京同事时，我有这样一个印象。分别后，京杭不时相遇，他额上虽有较深的皱纹，但是红红白白的脸色，依旧表露着少年时的美丽。近两年没机会相见，我不信他会像五十岁的老人，即使他到百岁，须发全白了时，恐怕仍旧能保持他的童颜。

　　他的姿势最使我羡慕。无论上课、开会、谈话，他总是始终坐得挺直，从不见他撑了头、弯了腰、曲了背，露出一些疲乏的神情。立时、走时，也是这样。就是打招呼行礼，他上半身的弯度，也是很小，并且在背后看不到弧形的曲线。"正直"可以代表他的姿态。

圆圆的脸孔，健美的脸色，再加上一副永远不分离的微笑，使得和他接触的人，个个发生好感和愉快。即使在研究很严重的问题时，他发言仍夹些微笑。他的语言虽不像音乐，但是这一个微笑却很容易使听者乐意接受。厉声严色，或者有密切的相关。和颜悦色下，只听得他轻快平静的声音，我没有看见过他发怒。

他和我们常往来。我们感觉到他和气，并没有长篇累牍的说话，更少见故意做作的客套，和气里带着爽直。简明扼要，把要点说完了，翻身就告别；有时"再会"也不喊一声。这最合我的口味。噜苏的谦恭，我觉得徒然浪费时间。不必要的客套，反而要被我疑作虚伪。

他的简捷爽直和我相同。不过他的微笑和气却是我所不及。我自知率直过度，近乎傲慢。他在和气的姿态中行爽直，这是他最大的优点。和气过了分，容易变成无聊的敷衍，我们同事好多年，他从来不说什么客套话。不必用客套，他的和气已经尽够维持友谊。这样很自然的交往，我竭力模仿，也不容易做到。

他专攻儿童心理，他不单单在书桌上研究，在沙发上讨论，他要试验，一切都要试验。在南京同事时，他和我们的往来，差不多全是为了试验。我也喜欢试验。这一点，我们的气味最相投合。不试不能知道学理是不是合用。一试验后，可以找出新的问题来。我喜欢用试验的态度办小学，从他的种种试验里，我学会了好多新的经验。共同编造测验时，我得益更多。就这一点说，不但是我的朋友，简直是我的教师。

从儿童心理推广到儿童教育。短时期的试验，改成功鼓楼幼稚园的长期试验。我们走进了同一个领域。我在初等教育界服务的年代较他早，他在初等教育界的成就却比我多，后来居上，使我更佩服。他的服务精神有坚强的毅力，环境不能改变他的方针，和气里有一贯的主张，为儿童尽瘁，从不灰心。最近试用拼音字教儿童，得到了一个极有价值证明。杂志里做文章互相争论，经过他的一试，证明了完全是浪费纸墨的胡闹。

恭逢五十荣庆，略微写一些简短的文字，算是庆祝。我祝他健康、快乐，永远为儿童试验新方法！

序三 为国争光的"大脑"代表

关瑞梧

　　妇孺贩卖的问题，在远东各国，仍是极为严重，尤其是中国，无辜妇孺，被贩到南洋各地，为娼为妓，惨无人道。于是一九三七年，国际联盟会就发起禁贩妇孺会，召集各国代表，讨论妇孺禁贩问题，希望关系各国能讨论分工合作的办法，俾对这个问题有较切实的解决。于是有除了各国政府正式代表参加会议以外，私立慈善团体对本问题有兴趣及服务的，全可派代表参与。中国的政府代表是驻爪哇总领事，因为会议是在爪哇举行，就地派外交人员参加，可以省去政府许多费用。私人慈善团体参加的有熊希龄先生代表世界红卍字会中国总会，毛彦文女士代表中国女界红卍字会，陈鹤琴先生代表中华慈幼协会，笔者代表北平香山慈幼院，于是我起始认识了这位闻名的教育家陈鹤琴先生。我们这一行代表是在一九三七年正月一齐离开上海乘芝沙路亚船赴爪哇。除了各人自己带了些所代表机关关于妇孺福利的工作报告以外，关于我国整个妇孺贩卖的情形及事实，全茫无头绪，以为这一方面的材料应由政府的代表负责，俟后大家又觉得我们应和政府代表共同负责。于是我们各人把所有的材料集齐，公推陈先生草拟报告。要把一些东鳞西爪散碎的事实，草成一篇《中国妇孺被贩卖》的文章，的确不是易事。船从香港到爪哇的十二日途程中，每日陈先生均在绞用脑汁、孜孜不倦地写报告。因为过于烦累的原故，船到爪哇的前二天，他的胃病复发，剧痛到不能起床。于是我就负起打字的责任，把全篇报告整理清楚。有时认不清字时，他总是忍着胃痛，耐烦地向我解释。这种精神实使我们这班后进，相形生愧。

到了爪哇，知道驻爪哇的中国总领事只得到政府的通知，命他代表政府出席国联妇孺禁贩会，并没有关于这问题的材料供他发言及报告之用。当时大会已经开幕，每天开会的议程，各国代表均须有报告，我们既代表中国，而且这又是关于中国的问题，将何以应付呢？于是陈先生毅然负起每日草拟报告的责任来。他就依着我们许多仅有的材料，推展申论，作成报告，供给我国政府代表正式发言人在会场发表。当时我们全叫他作"大脑"。因为没有他，简直不可想象了。

大会的程序，是上午正式会议，下午小组会议，分别专门讨论。正式会议的时候，是由各国政府代表为正式发言人，发表关于本国状况的报告，接着就是讨论我国的问题，除了政府代表报告了以后，讨论的部分，多半由陈先生发言，一者因报告的本身是他起草的，他对于整个问题有比较充分的认识；二者是他的英语和才干全是超卓过人，所以全靠他来答辩一切。给我印象最深的就是关于在远东设立国际妇孺禁贩局的议案，英属星加坡代表极力主张在星加坡设立，陈先生极力主张设在上海，因为中国的妇孺被贩卖的数目最多，上海是出口的渊薮，是杜绝此患的唯一门径，设在他处属地，无疑是使中国失了统制的能力，增加他国的便利，对本问题毫无补益。香港之成为妇孺被贩的要港，即可为例，经过陈先生的力争结果议决在上海设立。这真是我国参加此次会议的大胜利。

小组会议，是这次会议的主干。是由大会公推或主席指定专家组织成的，专门讨论和研究特殊的问题，或是大会不能解决的问题。陈先生每每被公选或指定作大会的小组专门委员，于是许多议案凡与中国有关的，全没有使我国失去应有的权利及保障，此点不能不归功于陈先生的计划周到，辩才宏畅而致。为要解决这些专门的问题，他每每研究到深夜不寝。这种苦干的精神，是任何一国的代表全没有的，同时国家的光荣，因而也得以增加了不少。

除了参加会议以外，在爪哇我们还无形中负了另一种使命，就是当地的华侨，全很热烈地欢迎我们并请我们去演讲。演讲的对象，是各种人全有的：商人、教员、小学生，种种不一。对他们讲的，也无非是一些唤起对于祖国认识的事实，我们代表团中，只有陈先生的演讲最动观听，像是一种至心之言，将祖国的美点，坦白地告诉那一班渴望知道祖国情形的人。笔者曾记得最末一次在巴达维亚城被当地教职员联合请去演讲，陈先生因为过劳，胃病复发，痛得不能起床，可是他仍是挣扎起来，把自己预备好的演讲稿，托人到会去念。他说："得到在华侨中宣传的机会太不易了，做教育及社会福利事业的人，应该尽量去利用它。"

大会完毕后，我们离开爪哇，全觉得中国妇孺被贩卖的问题，大家应该从此负起研究及宣传的使命来。可是笔者个人除了关于本题多看些书以外，始终没做什么。熊先生是故去了。而陈先生则极努力地在上海立刻组织起研究会来。对此问题，欲唤起社会的认识，同时又把儿童保护会组织起来，以保护被拐贩的儿童。所以谈到国联妇孺禁贩会，总不能忘了陈先生。将来妇孺禁贩，及儿童福利的工作亦非先生莫属呢！

序四　二十年的老师

张兆林

一、一位青年教授

"预备！笔举起来，头抬起来，眼睛看着我……"

"做！快些做……"

这是一个炎夏的下午三点钟，在一片广大的草地上，盖着一座很大的芦席棚子，棚子里坐着一千二百几十个投考的青年，每个青年右手拿着笔，左手扪着卷子，眼睛全望着讲台上的一位青年教授，全场静肃到纸扇的声音也没有，只听到这位青年教授，解释试题和发着命令：

"中国是民主共和国，这句话是对的，那么在括弧里加'+'号。地球是月亮的卫星，这句话是错的，那么在括弧里加'−'

号。……大家懂得做吗？……那么听我的命令，不可作假：预备！做！快些做！……"全场青年立即照着他的命令飞快地做着。这时候，全场只听到铅笔擦着纸面的声音，比一所大育蚕室里成千成万蚕吃桑叶的声音更清脆、更响亮。

约莫过了五分钟，站在讲台上的青年教授突然又发命令：

"停！笔放下来，卷子扣起来。再听我的解释……"

青年教授把第二种试题解释明白以后，接着又发命令：

"预备！做！"全场青年又依照着他的解释急速地做去，又过了五分钟，这位青年教授又发出"停！"的命令，接着第三种试题又开始，又经过一番解释，又发出："预备！做！"的命令，全场青年又依照着命令做去。这样足足做了二小时，做了五种试题，助考员收去了试卷，全场青年从几个进出口依次出场。

这是二十年前南京高等师范和东南大学合并举行入学考试中智力测验的一课，是全部考试中最新奇而又最紧张的一课。

为着这样新奇的考试科目，每个投考者对于这位青年教授也就留下最深的印象。当时我对他的印象觉得很可敬爱："皙白而红润的脸，留着短短的平顶发，短小而强壮的身材，轻快活泼的举动，不能大声呼喊的声音，斩钉截铁般的语调，态度虽然很严肃，但并不觉得可怕，也没有道貌岸然的矜持与做作……"

这位青年教授，就是当时南高和东大的教务长陈鹤琴先生。

时光过得真快，算起来整整二十年了，当年的青年教授，现在已经是两鬓如霜的民族解放运动的领导人了。

二、从儿童队伍里认识的老师

在一所几千学生的大学里，教务长与新生的见面机会本来是不会多的，所以我在入学后的一年内，除了在公众场所听到陈先生讲演以外，简直没有机会认识这位教授，倘若不是因为后来在儿童队伍中认识他，或者到二十年后的今天，也不过是教务长和新生的关系，也不过在智力测验课中所留下的一些印象。

第二学年开始，我选习了一门《儿童心理学》，这门功课可说是全校最特殊的功课。担任这门功课的教授就是陈鹤琴先生。但陈先生并不是这门功课的唯一教授，此外如陈师母、陈一鸣，和附小杜威院里的几位保姆和全体儿童都担任这门功课的一部分，严格地说，他们都是这门功课的教授，陈先生不过总其成罢了。这门功课所用教本主要的有三本：一本是美国人写的（Northworthy and Whittley, Psychology of Childhood），另外二本是讲义，一本是陈先生观察一鸣生后发育和行动的详细记录（该书即陈著《儿童心理学研究》），又一本是教育一鸣的经过（陈著《家庭教育》）。前一本在学理上和说明上都并不深奥，所以陈先生除每次上课时略略指导以外，和其他功课并没有多大分别。后二本是陈先生亲手工作的成绩，又是一般青年学生所最不易懂得的工作，所以不但在解释上颇费时间，并且为着学生容易领悟起见，陈先生又常常抱着一鸣到课堂上来。当时的一鸣是一个又白又胖的孩子，才能够学步，也才能够学语。他（一鸣）看到一群人对着他笑，他也不怕羞地大笑，有时逗着他说简单的话，又看他拿铅笔的姿势，走路的姿势，四肢和头部发音的比例等。一鸣对于这些举动，不过以为是一桩新的玩耍，哪知道他这样的一举一动已经给我们实际的知识，这些知识，我们虽然可以在各种儿童学的书上看到，但是绝没有如此亲切而又实际。我们十几个人（如葛承训、雷震清、唐懋、胡家健等）在这样逗着一鸣玩耍中与陈先生熟悉了，同时也在陈先生教育一鸣的行动中使我们更加敬爱了。家庭教育中各项例子，尽是实际行动，这样的教育行动，不但是艺术，同时也是科学，更是用科学的方法，改革中国封建社会中养育孩子的古法。"教养孩子，应该父亲和母亲同样负责，不应该是严父慈母，应该慈父慈母，也应该是严父严母。""婴孩喂奶绝对不应该交给奶妈，非万不得已必须母亲亲自喂奶。""婴孩、儿童都有自由，都有独立的精神，父母们必须尽量尊重儿童的自由与独立精神。"等教育原则，在二十年前的中国社会里真同神话，而陈先生大胆地开始试验，试验结果是成功的。二十年来，陈先生所提出的一百余条儿童教育原则，不但在一鸣、秀霞、秀瑛、一心等教育上成功，全国遵照《家庭教育》的指示而试验成功者更不知几万。这个贡献，又怎样计算呢？在家庭中的儿童教育上，陈先生的贡献，可说前无古人，至少在中国可以当得。

三、在保姆生活中的两年

一九二五年夏，我修完了大学功课，陈先生约我同去创办鼓楼幼稚园。"一个大学毕业的男子去做幼稚园保姆何等没出息！我看还是谢却吧。……""……嘿！张某野心很大，打算做儿童教育专家呢！……"这些都是旁人讥笑之谈。我当时对这件事确也有些踌躇。还是去宁波办女子小学呢？还是留在母校做幼稚园保姆呢？陈先生的诚恳，毕竟感动了我，从那年夏天起，我便和陈先生同做鼓楼幼稚园的保姆了。

创办一件新事业比改革一件旧事业确实方便得多。陈先生创办鼓楼幼稚园立下三大计划："建筑中国化的幼稚园园舍，改造西洋的玩具使之中国化，创造中国幼稚园的全部活动。"这三项计划，我们在半年之内都动手做，并且有几项做得相当有成绩。我们盖起矮矮的几间园舍，种了许多花木，置备许多简单的玩具，幼稚园的课程也从福氏、蒙氏和美国式中渐渐解放出来，就是用日常生活来拟定幼稚园的整个活动。我们计划在大自然中来教育幼稚生，所以每星期中至少有三次出外旅行，好在那时的南京城，旷野多于街道，尤其是鼓楼以西一带尽是小山坡。几千百亩的农场与旷野是我们几十个幼稚生的教室，也是我们幼稚园新课程的试验场。

当时我们的工作，白天是和孩子们一块儿游玩和工作，清晨和傍晚是整理试验成绩和搜集材料，但是这工作常常延长到夜半。每晚工作完了，我们也常常有短短的散步，在星月皎洁、树影扶疏的草地上散步，一面欣赏夜的静和美，一面还喁喁谈着各种工作，有时还辩论某项试验工作的准确性，某种玩具的改革，某个孩子的行动与进步等。倘若在冬夜，我们更有趣了，吃罢晚饭，常常邀几位爱好儿童教育的朋友，围炉长谈，每次必定谈到更深夜阑，炉火早熄，才各自回去。虽然那时候，门外寒风凛冽，冰雪满途，但是一个内心充满工作快慰的人，对此反而生出无穷的快慰。

一九二七年整个的中国起了一次变动，我们的保姆生活也暂时告了一个段落。一九三四年夏，陈先生去武昌出席中华儿童教育社年会，我恰恰在武昌教育学院任教务长。一天晚上，陪着先生游月湖，谈起八年前的往事来，颇以不能继续那时的保姆生活为怅惜。真的，当年的保姆生活太富有诗意了，研究的生活也太自由得可爱了。

四、二十年的老师

"八一三"后的第二年，陈先生由上海奔向自由中国的怀抱，呼吸自由空气去了。在自由中国的大怀抱里；多的是二三十岁的青年，他们尽是二十年前的婴儿与幼稚生。据友人说："陈先生在内地鼓励青年向前进，正如二十年前鼓励幼稚生勇敢地奔向大自然。"真的，中国确实因这次战事而壮健起来了，二十年前的婴儿，今日个个都是青年了。两鬓如霜的陈先生也是老当益壮了。写到这里，我仿佛又回到二十年前了，坐在广大的草地上，周围尽是二十岁左右的青年，静静地坐着，高高地举起了笔，听一位青年教授发着命令：

"预备！笔举起来，头抬起来，眼睛看着我……"

"做！快些做！"

一九四〇年七七前夜，上海

序五　中国的福禄贝尔鼓楼幼稚园创办者

钟昭华

中国最著名的幼稚园，不是南京鼓楼幼稚园吗？开辟中国幼稚教育的园地，不是南京鼓楼幼稚园吗？这个幼稚园究竟是谁创办的？怎样发展的？对于全国幼稚教育有什么贡献？让我来说个明白。

南京鼓楼幼稚园，是在南京鼓楼的西边。那里有精致的园舍，创制的教具，美丽的花园，宽大的游戏场，小小的动物园，凡是到过那里的人们，谁也忘不了那幽雅的环境和一群活泼的小天使。凡是进过那幼稚园的小朋友，谁也忘不了那幼儿时代的小天堂。

十几年前，全国教育人士，并没有注意到幼稚教育。要唤醒一般人的注意，要推动学龄前的教育，非有专门研究的学者，热烈提倡不为功。鼓楼幼稚园便是适应这个时代的需要而创办的。在幼教荒凉的园地中努力，在坚苦的环境中奋斗，不久，国内人士对于幼稚教育开始注意，而幼稚园逐渐增多了。饮水思源，我们不得不想到创办鼓楼幼稚园的儿童教育专家陈鹤琴先生。

民国八年（1919年），陈先生自美返国，担任国立南京高师（后改为国立东南大学，今改为国立中央大学）的心理学教授。十二年（1923年）春，为了要研究儿童心理，实验幼稚教育，他就创办一个家庭幼稚园。什么叫做家庭幼稚园呢？说来很有趣，那时陈先生恰巧新建一所住宅，他就把客厅变成幼稚园，什么幼稚园的设备，什么幼稚园的教具，什么幼稚园的教材，什么幼稚园的教法，陈先生昼夜不息地创制，孜孜不倦地研究，往往为了一个问题，他会废寝忘食，他会用全副的精神去探讨，去解答。那时候，那个家庭幼稚园，一共只有十二个小天使。一年以后，儿童渐渐增加了，社会人士也渐渐明了幼稚教育的重要了，陈先生得了这种鼓励，益力奋勉，就毅然决然募捐兴工，建筑园舍，一所小巧玲珑的幼稚园，居然在鼓楼头条巷正式产生了。但经费筹措不易，除了募捐外，又向各教育机关请求补助。在不断的进展中，陈先生把鼓楼幼稚园建立了稳固的基础。

幼稚教育究竟怎样推广呢？单单创办一个幼稚园是不够的。陈先生深明这个道理，就邀集了研究幼稚教育的同志，成立了一个幼稚教育研究会，每月开会，讨论幼稚教育的问题。出版幼稚教育的刊物——《幼稚教育丛刊》（非定期的），《幼稚教育》（定期的，每月一册），举凡材料的搜集，教学的方法，书报的介绍，教具玩具的创造，都尽量贡献给大家做试验和参考。这样一来，全国各地对于幼稚教育开始注意了。十七年（1928 年）陈先生又联络了东大实小、南中实小、苏中实小、京女中实小、江苏三师附小等著名的几个小学，组织中华儿童教育社，并将《幼稚教育》月刊改为《儿童教育》月刊。从那时起儿童教育渐受国人的重视，而中华儿童教育社不久就突飞猛进，全国分社达三十余处，社员达四千余人，在中国的儿童教育史上，得以大放光明。这一切，都使我们不得不想到劳苦功高的陈先生。

十几年来，我深深地受了陈先生的指示和感化。曾记得民国二十一年（1932 年）秋，他要我到鼓楼幼稚园去负完全的责任。那时我明知鼓楼需要一个精明强干的人去工作，像我这样既无能力又无经验的人，如何能担当得起这个重任呢？可是陈先生很能用人，他说："鼓楼需要整顿，鼓楼需要专心负责的人，你是我认为最适当的人，一定可以做得好，一定可以做成功。"他的话虽不多，但是句句真实可贵。他信任一个人，就交给他全权去办理，给他机会去经营、去创造。那年我去主持以后，陈先生每月从上海来辅导一次，每次都有很宝贵的指示和鼓励，我有做得不对的地方，他总是用婉转的言辞指正我，而做得好的地方，他会逢人表扬。他教导我学习，勉励我前进，指示我创造。因此我在鼓楼六年之中，所得的进益，远胜于读十年书呢！后来鼓楼的儿童增加到百数十名，鼓楼的园舍，一再地扩充，鼓楼家长会的成立，家长会和幼稚园合作，一切都是受了陈先生的指导。

"做人比做事难"，这是陈先生时常对我讲的一句警惕语。的确，我以前遇到做事困难，往往容易灰心、悲观、失望，其实事情之所以困难，完全是因为做人不易的缘故，假使我们天天学习做人，我们能应付得当，事情的困难，也就迎刃而解了。我的个性，可以说陈先生知道得最清楚了，他能看出我的短处，加以指正，他也不遗漏我的长处，加以鼓励和安慰，尤其在做人一方面，他常常指示我，无形中我的心地宽大得多了，我的态度，也没有像从前那样严重了。

爱护儿童，是陈先生的天性，研究儿童，陈先生认为是他的天职。他不但创立了中国的幼稚教育，更用他半生的精力，改进儿童教育，他所赐予儿童的，实在太伟大了。现在适值他著的《我的半生》出版，我想到我们中国的福禄贝尔给中国儿童的福利，谨将我个人的感想，写了几句，以资纪念。希望我们的长者——中国的福禄贝尔，不断地为中国儿童谋幸福，为中国儿童创造新世界。

序六 以研究学术精神来办理
教育行政的陈老师

李清悚

一

三年不见的陈鹤琴先生，忽然在这劫后的山城中一个欢迎国民教育会议代表的音乐集会中突然出现了！这是如何惊喜的事！从此在欢笑中握着手，热情在里面交流着，相视无言。先生依然是那种使人可亲可近的笑貌，只是时序催人，头发掩不住年华，已渐渐地苍白了，况且这数千里的征途，从孤岛的魔氛中跃出来，愤怒、忍耐、艰困、风霜、辛苦……一切的危害堆集在身上；如果不是平日具有很深的修养像先生这样的人，谁能仅仅生几根白发，还保住这从容的笑貌呢？

先生欣然地对我说："清悚！你很好，你很好啊！我老了，今年五十岁了！"

我说："真的吗！不像，不像——如果是真的，这难得的机会，我们倒要为老师庆祝呢！"

"哈一哈，哈！"先生仰面而笑，那声音的洪亮，依然是二十年前的光景。

先生说："不必，不必，你有请我的钱，还是献给国家，为民族祝寿吧！"

我说："好，这样吧！我只写一篇纪念文字，献给先生作为祝寿吧！"

"不客气，不客气！"

礼堂中射出强烈的白热的灯光来，一阵激昂慷慨的歌声，从歌者高亢的情绪中迸出来，伴奏着小提琴与钢琴，余音绕着每一个听者的脑际；吸住了满堂的听众，我们暂时终止了谈话。

会散的时候，我要紧的问了一问先生所住大华饭店的房间号数，预备明晨的访问，就与先生说了一声晚安，握手分别，赴另外的一个宴会去了。

山城的晚雾迷漫着；一星星灯火从山坳里，放射出黄色的光焰来，依然是那般的辉煌，谁能相信这是废墟中的新生长。世界是这样的不息变，不息的生长，不息的成功；人也是不息的变，不息的生长。今天鹤琴先生这种依然奋发的精神，我憧憬着不能忘，好像这劫后的山城一般！

先生今年是五十岁了，这最近二十年的过去，在南京、在上海、在全国；在学术上、在教化上、在事业上，已有不少光荣的成果。目前被逼得离开那魔氛所包围的世界，抛弃了已努力很久的事业。在事业诚然是一个损失；在先生却是一个新生长。

这是先生象征了山城，还是山城象征了先生？我说："皆是中华民族的新生长。"象征了国家复兴、富强、康乐、隆盛！

二

记得在十四年以前，国民革命的高潮弥漫了全国，国民政府用着崭新的姿态，定都南京。南京被划为特别市，特设市政府管理市政。这拥有六十万以上人口的古都城，现在变成活泼的革命首都了。蓊茏的朝气，浸润到每一个人的心里，多么鼓舞兴奋，连街边上走路的闲人，都是挺着胸脯怪有劲似的。新的政治在万象更新的局面下展布开来，格外显得雄厚有力。政府中拥有一般新学者，大家都鼓着十二分的勇气，等着做事的机会来临。可怜这一个古老的都市，却是先天不足，从来就没有一个政治机关，专门来对他设施政治，这时市政府来经营市政，正如荒丘上建宝塔，必定要从根做起，这虽是很够费力量的事，却也是容易看到成效的事。

南京第一任市长是刘纪文先生，教育局长是陈剑修先生，而鹤琴先生却被请为剑修先生的副手，做了教育局第二科科长，筹划全市学校的设立，这是一个很艰难重大的责任，落在先生身上，剑修先生完全信任他。

先生开始了一个新的计划，划全市为五个实验区，每区设立一个领导的实验学校，我就被先生选为中区实验学校校长，受了先生的领导，来为南京市教育尽力。先生在任只不过是一年又二三个月的时间，可是为南京市立下了一个坚固不拔的基础，树成一种特有实验研究和专业的风气，直到以后的十年，犹令人仰望不已，这不能不说是剑修先生选任得人，而先生努力有效。我就是受着这风气陶冶的一个人，我自被先生选任为一个实验学校校长，接着改办第一中学十年如一日，与首都同休戚，在首都落在敌人手中之前的二十天，始离开我所办的学校。

十余年间的事，真如一刹那。当十余年前的一天中午，鹤琴先生坐在鼓楼住宅内一间面临草地的客室内，与我开始谈南京市教育建设的事。那时是一个五月间的天气，暖风和煦吹在我们的脸上，先生是怎样的兴奋有办法，一时给我看这个计划，一时给我看那个报告，正如先生在学校里做心理实验时候，一般的殷勤。我辞别出来时，先生送我出来，到了门口，我告别了，他也骑上自行车绝尘而去。那时南京市政府在夫子庙贡院内，距鼓楼有十里左右的路程，先生都是以自行车来往的，这虽是先生的艰苦的精神，却也表示先生的兴奋。

自南京市各学校渐次成立以后，先生定制每一个星期在教育局中开一个校长会议，由先生主持，讨论各学校一切共同设施的校务，局内有何行政计划与设施，可借此当众宣布，各学校有何困难，可以借此陈述，是那时南京市学校教育的一个首脑会议。这个会议不但是使政令推行得快，而且使行政当局与学校当局没有丝毫的隔阂。先生正如老师，校长正如学生，从此间感情融洽，可说是臻于极致了。并且各学校彼此也交换了意见，就此对局内办了应办的公事，这是很好的制度，这个会都是每周星期四下午三时举行，各学校第二日就回校举行校务会议，几乎成了定制。后来先生虽然去了职，这个会议制度，依然被后任局长顾树森、刘平江、张忠道、马洗繁、王崇植诸先生所采取，继续了有六七年之久。

还有一种很有意义的会议，就是小学各阶段的研究会，尤其是低年级教学研究会，每月一次，由先生领导集各校该阶段的教师于一堂，讨论各种教学方法。每次在一校举行，轮到那一校时候，那一校负责招待那是必然的，此外并且报告这种好方法给大家观摩，同时各校就此参观了该校，收到仿效的益处，而那一个学校格外警惕自己，不得不要好起来，这样彼此相激励，就同时一天一天地进步起来了。记忆那时研究出很多的教具，由局内制成分发给各学校。那时的教育局在先生这样筹划，辅佐之下，不但是成功了一个全市教育的行政中心，而且是一个研究的中心了。

各学校校长、教师就很少以科长身份来待先生的，都是以老师的身份来看先生的。先生每日除了办公之外，大部分时间是耗在视察指导上面，每到一个学校，事无巨细，都要垂问，乃至于厕所的大小、设备、镜框悬挂的地位与高低，都要详细指导的。那时候那一个学校有怎样的特点，有些什么设备，在先生的胸中是了如指掌的，凡是到南京市来参观学校的，只要说出目的，先生就可指你到那一个学校去看，一定给你满意。

先生以这般校长、教师如同自己的学生一样，常常领导他们到各处优良的学校去参观。一次到晓庄师范所办的各学校去，一次到上海市去。都使他们获到真切的益处。

先生的态度，老是那样和平、从容，遇到人都是笑容可掬的。矫正你的错误，使你丝毫不感到不安，并且是乐于接收的。那时虽尚没有新生活运动，而先生对于衣、食、住、行中的礼节都非常的注意。记得有一件很有趣的事，在先生恐怕早已忘却了，我却有很深的印象。某次，我们两人在上海二马路人行道上站着谈话，我因一时大意，将裤子中缝上一个纽扣没有扣，先生一面说话，一面用手代我扣起，等我觉得后红着脸道谢时，先生戏说："以后就要罚你五角钱了。"所以我以后遇到先生，马上就要将衣履检查一番。从此以后到任何地方没有松过扣子的。这一种矫正他人行为的方法，实在收效很大，我后来用这个方法检查学生穿制服时的风纪扣子，颇有奇效。

先生对于南京市学校教育一年多的设施，有一册"一年来的南京特别市教育"可以详阅，我是从历史的侧面，来写先生的努力和精神的。

三

好的事情也许容易被造物者所忌，都要有一点缺憾使你不能十分的满足，在先生主持南京市学校教育的第一年刚要开始，剑翛先生就辞局长的职务荣任大学院社会教育司司长，先生也因上海工部局的聘为华人教育处处长，要离开南京，这一件事使先生很费极大的踌躇。

先生对于南京市是很留恋的，正如南京市教育界留恋先生一样。记得那是一个仲夏的晚间，先生及震清、抑强和我四个人，踏着皎洁的月光，绕着市政府四周的马路上，慢慢地走着，一圈又一圈，从过去到将来，做着各方面的比较与筹划，究竟是离京

的好，还是不离京的好？两个不可调和的问题在每一个人心中起
伏着，始终不能得到较好的决定，先生只仰视着月光喟叹。在我
看先生的喟叹，这还是第一次，先生对于一切事都是乐观的，只
有这一次不是如此。

后来从市府进到泮宫内抑强的住所，抑强拿出所酿造的酒糟，
大家随意地哝着。结果先生认为在行政上的局势，已经不是使先
生留京的时候了。拿脚向地板上一顿，叹一口气说："走吧，还是
走吧！"

我与先生最亲切的共事，在过去十余年的时间，这一段算是
最长而最可纪念的，我就拿这一段材料，写下献给先生，做一份
小小的贺礼，恭祝先生的康健、和乐；永远是那样的少年，永远
是那样的起劲！我们后来受了先生生命力量的感召，也是那样的
有力，那样的少年。

二十九年十月国庆日于嘉陵江畔。

序七　可敬的华侨童子军队长

李扬安

　　我认为一生中最大的幸福，就是和陈先生做朋友。尤其可宝贵的就是在我青年的时代，得到他的真挚的指导和深切的感化，这是我对于陈先生铭感肺腑而终身不能忘的。回溯二十年前，陈先生正在美国纽约哥伦比亚大学读书，我呢，不过是一个中学生。那时候纽约唐人街有许多华侨儿童，经李兆昌（现在夏威夷大学任国文教授）和洪煨莲（现在燕京大学任教授）两位先生的提倡，唐人街成立了一队华侨童子军。这队童子军是什么人做队长呢？幸运得很，陈先生欣然担任了队长的重职。陈先生是一位了解儿童和热爱儿童的青年，童子军成立了不久，就发达得很快，而唐人街的儿童，几乎都加入童子军队伍了。但是陈先生那种服务的工作，究竟有多大的意义，我在那时，还不能十分了解，一直等到我进了大学，才充分地明了他的工作的重要，才深切地明了他那种牺牲精神的伟大。你看大学的功课多么重，学生社交的生活多么忙，世界最繁华的纽约是多么好玩，陈先生还能够抽出时间，放弃享乐，每星期长途跋涉，从城外到城中的晨星教堂来开会，来领导我们。还有在假期中，他带领我们到野外去旅行。一九一八年就是在林肯生日假期中，他领导我们到纽裘尔水去。在那冰天雪地的丛林中，和我们一同过了一星期的有意义的集体生活。他那种蓬勃的精神，热烈的情绪，使我们每个儿童都景仰他、爱戴他。到后来不仅儿童的父母对他发生相当的信仰，就是那许多守旧的华侨，对他也发生同样的好感，这可算在纽约广东侨胞中第一个浙江的青年学生得着这样的成就。

陈先生对于童子军的课程，提倡了二件很有价值的工作，一般的童子军课程，虽然是注重手工和户外生活，而对于做人和读书，还没有好的诱导方法。陈先生教我们每天记日记，记什么呢？记我们每天所做的事情，尤其教我们把每天所做的善事——日行一善——记出来，以养成我们"人生以服务为目的"的好习惯。还有他教我们看书，有几本感化我们最深切的书，要算《黑奴伟人传》（Booker T. Washington, Up From Slauery）《中国革命史》（The Chinese Revolution）《做人的要素》（Things That Make a

Man）《怎样成功一个人》（Development into Manhood）了。陈先生常常给我们很有意义的教训，指示我们求知的方法，领导我们怎样观察自然，怎样应付环境。

同时他在中国学生的团体中，也很活动。他常常带领我们去参加中国学生的集会，使我们增加知识，扩充胸襟。有时候陈先生还请了许多中外的朋友，到唐人街来参观我们的队伍，来领导我们怎样求学，怎样做人。我还记得陈先生主持一个为中国学生便利的俱乐部。在那里中国学生可以寄宿，可以娱乐。我们曾经被邀请去参观过，和那些祖国同胞相接近，所以我们有机会会见许多有名的人物，如刘廷芳、张伯苓、范源濂几位先生。

在一九一八年的夏天，他带了我们到海洋城去游览。他和几位朋友，住在海滩上，我们的生活非常快乐，一早起来，就举行晨会、唱歌、读经、早操，下午到海里去游泳，晚上或者研究天上的星宿，以明了天地之大，或者举行交谊会，以增加我们的快乐。有时候，他请几个美国小朋友来吃茶，教我们怎样招待客人，其实这种活动，不仅是教我们对人应有的礼貌，而且可以增进中、美儿童间可宝贵的友谊。

我个人最感激而得益最多的，就是他对于我的恳切的谈话。常常在明月之下，他告诉我青年重要的问题：性的问题、求学问题、职业问题，以及宗教问题，并且很恳切地教我怎样去解决这个困难问题。

我还记得他常常和我讲基督教的大道，并且希望我将来做一个热心的基督徒。到后来我果然信仰基督了。

陈先生是这样一个热烈的青年学生，这是我当初所认识的，到今天已经二十余年了，他服务的工作扩大了，成就的事业增加了，在教育上有很大的贡献，在社会建设中有很多的劳迹，这是大家都知道的，但是他还是像那当初学生时代的青年一样，他仍有那种纯洁的习惯，纯洁的思想，纯洁的生活和爱的性情，高尚的理想，他还是对上帝对国家对人类，尽他应尽的责任。

序八　斑白的儿童

邱　椿

儿童教育泰斗陈鹤琴先生今年满五十岁，恰等于他希望活一百岁的年龄之半数，所以名其五十自述一书为《我的半生》。上卷分七章，前二章述他的祖先和家庭，后五章述其童年、中学、大学，及留美时的生活。全卷十余万字，内容有趣，文笔生动，确是国内近十年来教育文艺上不可多得的一部杰作。

仿佛是在民国三年春季的一个星期日，笔者同几位朋友到清华园南约二里路的成府村蹓跶，猛然看见街头许多村民，男女老幼挤成一团，其中有个口齿清楚的小孩子，讲什么"雷声的起源"，博得如雷的掌声。仔细打听，才知道讲演者是成府小学的学生，而这个小学是陈鹤琴先生创办的。"陈先生将来必定是一个大教育家。"有个朋友这样说。

民国九年左右，鹤琴先生开始在《新教育》杂志上发表论文，曾博得各方面的好评。民国十四年左右，他的《家庭教育》一书出版，风行全国，最为教育学术界所推重，于是陈先生果然成了一个大教育家，我的那位朋友的预言便完全应验了。

从前我知道陈先生是一个成功的教育家，但却不知道他的成功之要素；我知道他有教育天才，但却不知道他有文学天才。自拜读了本书以后，我才深感觉他的成功实非偶然。他不仅是一个儿童教育家，而且是一个儿童文学家。

健康的身体，丰富的常识，仁爱的性格，服务的理想——这些是每一个成功的教育家所应具备的资格。陈先生得天独厚，童年时几乎不知道病的滋味。清华学校素以体育著名，在某年举行全校学生体力测验时，陈先生竟考了第一，驰名东亚的运动大将潘文炳先生也只得甘拜下风。在本书"卷头语"里，他自己说："我虽年近五十，而精神饱满，自觉总如二十来岁的青年。"我们相信他能活一百二十岁，行年五十而称"半生"，尚是自谦的话。

在留学美国的最初两年，他的口号是："凡百事物都要知道一些。"他虽然专习教育学，但他选课的范围却极广泛。在美国约翰·霍普金斯大学时，他曾选习政治学、经济学、生物学、地质学、动物学等科；在康奈尔大学时，他又曾选修心理学、牛奶学、鸟学；在安姆赫斯特学院时，他又曾学过园艺、养蜂学、汽车学等科。从这些学科得来的丰富的常识，对于他后来办幼稚园和小学校的工作是极有裨益的。

但陈先生在美国大学的知识宝库中得来的东西，不仅是黄金，而且是点石成金的"仙人指"。他说："一个留学生到外国去游学最重要的，不是许许多多死知识，乃是研究的方法和研究的精神。……方法是秘诀，方法是钥匙，得到了秘诀，得到了钥匙，你就可以任意去开知识的宝藏了。"

最使我们敬佩的是陈先生的仁爱坦白的性格。郑宗海先生称他"行年五十尚婴儿"，俞子夷先生称他为"永远微笑的儿童教育家"，我亦常尊他为"斑白的儿童"。原来裴斯泰洛齐（Pestalozzi）尝自称为"斑白的儿童"，因为他有儿童般的天真烂漫的性格。陈先生原有"中国的裴斯泰洛齐"的尊号，其仁爱的性格亦极相似，近来两鬓亦有几根白头发，所以称他为"斑白的儿童"，并非毫无理由。（参看拙著《幼师的纯爱》，《活教育》创刊号）因为陈先生有仁爱的儿童般的性格，所以儿童爱他，他也爱儿童。他说："我是喜欢儿童，儿童也是喜欢我的。我还是学教育，回去教他们好。"只有爱儿童而又为儿童所爱的教师才是理想的儿童教育家，才配称为"中国的裴斯泰洛齐"。

服务的理想亦是陈先生成功的一个因素。他说："我的人生观在这个时期和从前大不同了。从前我只知道显亲扬名，谋个人的福利。现在我有点像耶稣那种爱人的热诚、牺牲的精神。从前是为己，现在是为人了。我曾经在受浸礼做基督徒的那天，就是在蕙兰的第三年，把我的身体献给耶稣。我承认耶稣是我的救主，我承认耶稣是我的模范。"这种服务精神亦酷似裴斯泰洛齐的精神。

健康的身体，丰富的常识，仁爱坦白的性格，服务牺牲的精神——这些就是陈先生在教育上成功的因素。

笔者对文学虽然是一个门外汉，但我确信陈先生是一个儿童文学家，因为儿童都欢喜读他的作品。他在《活教育》创刊号发表的《松林中新生的幼师》一文并非为儿童写的，但我的两个小孩（一个八岁，一个十岁）都喜欢阅读，都能看得懂。这不能不佩服陈先生文笔的魔力。他从前著的《我的童年》，那两个小孩亦抢着看，后来他们的许多小朋友借去看，此书就不翼而飞了。我的小孩看《我的半生》都是一口气读完，不肯中途释卷的。儿童们喜欢读此书，是陈先生在教育文艺上成功的最好证据。

描写逼真是陈先生的文学作品的特征之一。如本卷有一段文说：

"父亲到了床边，先把拐杖安放好，再把竹梢拿在右手，左手捏住被角，'呼'的一声，把被儿掀开。五六个小猪似的小孩子从甜梦中惊醒过来，看见怒气冲冲的父亲，提着一把亮晃晃的竹梢，就好像小鬼见了阎罗王似的，大喊道：'爹爹！爹爹！不要打！不要打！'……"

这种有声有色的描述的刺激性是极强烈的。

他的文学作风的另一种特征是质朴而又美丽。本书有一段描写开船离祖国时的情形说：

"在船上的乘客拿了许多红绿纸圈，拼命地向码头上抛；在码头上送客的，也买了许多红绿圈向船上抛。船上的乘客拿着码头上送客的纸条，码头上送客拿着船上乘客的纸条。几百条红红绿绿的纸条把送客的乘船的热烈情绪暂时连系着、交流着。……轮船开动了，慢慢儿离岸了，乘客和送客还是把纸条儿紧紧地拉住。船离开愈远，纸条放得愈长，电流似的热情交流得愈快。船终于离得太开了，纸条儿不够长了，断了！……乘客和送客都拿出雪白的手巾来，互相挥着，几百条雪白的手巾好像几百面小国旗，在空中飞舞着，多么美丽！船愈离愈远了，人面模糊了，但是雪白的手巾还能看得见呢……"

这段文字何等质朴！何等美丽！

陈先生作风的另一种特征是"幽默"。有一段描写在海船上初吃西餐的情形说：

"我们在上海的时候，周校长只教我们吃饭的礼貌，而没有教我们吃什么菜，所以我们一到船上不知道吃什么好。每餐的菜单总是印得满满的外国菜名，有时候，菜名来得古怪，我们一点都不认识。我们只好从菜单天字第一号吃起，一直吃到点心为止。我们先吃清汤，吃了清汤，再吃混汤。吃鱼又吃虾。吃了猪排，又吃牛排。吃了家鸡，又吃野鸡。吃了蛋糕，又吃冰淇淋。吃了茶，又吃咖啡。……"

我看到这段文字，不禁拍案叫绝，仰天大笑！住在堂屋对面房里的几个小孩子吓了一跳，说："爸爸干嘛那样呀！"

这部书确是近十年来国内教育文艺上不可多得的杰作。家长们不可不读此书，因为他们可得着教养儿童的许多宝贵经验。儿童们不可不读此书，因为他们可培养刻苦向上的精神。有志学教育者不可不读此书，因为他们知道应选修些什么学科。教育学者不可不读此书，因为书中有许多珍贵的教育史料。笔者借此机会祝贺陈先生教育文艺创作上的成功，并希望他火速写出下卷来。

"八一三"后的第二年，陈先生由上海奔向自由中国的怀抱，呼吸自由空气去了。在自由中国的大怀抱里，多的是二三十岁的青年，他们尽是二十年前的婴儿与幼稚生。据友人说："陈先生在内地鼓励青年向前进，正如二十年前鼓励幼稚生勇敢地奔向大自然去。"真的，中国确实因这次战事而壮健起来了，二十年前的婴儿，今日个个都是青年了。两鬓如霜的陈先生也是老当益壮了。写到这里，我仿佛又回到二十年前了，坐在广大的草地上，周围尽是二十岁左右的青年，静静地坐着，高高地举起了笔，听一位青年教授发着命令：

"预备！笔举起来，头抬起来，眼睛看着我……

"做！快些做！"

一九四〇年七七前夜，上海

第一章　我们的祖宗

勤俭起家　忠厚传代

一、万经公是一位忠厚的好农夫

亲爱的小孩子：

我的童年是怎样的？我的青年是怎样的？我的壮年是怎样的？我的体格是怎样发展的？我的思想是怎样演进的？我的整个人格是怎样形成的？你们若要明白这种种问题，你们必须要追问我们的上代祖宗是怎样的？你们知道一个人是怎样来的？一方面固然要靠后天的环境和教育，一方面还要靠先天的遗传。所谓种瓜得瓜，种豆得豆，豆不会变成瓜，瓜也不能变成豆呢！所以你们要知道我是怎样的一个人，你们先要认识我们的祖宗。

我们的上代祖宗，是种田的天字第一号老百姓，他们生长在浙江上虞沥海所，他们的祖宗从那里来的？那无从查考了。他们在沥海所有几千年或几百年呢？那我也答不出来。我把所晓得的告诉你们吧。

我们的上代祖宗最近的要算万经公了。那时正在清朝乾隆皇帝的时代，照公历算起来，大约在十八世纪末叶时期。万经公是一个刻苦耐劳、诚实忠厚的好农夫。他生了五个儿子，四个儿子跟着他种田过活，唯有小儿子种了几年田，就异想天开，"单枪匹马"跑到附近的小镇——百官去谋生了。

这位年轻的小孩子，名字叫作正表，年纪不满二十岁，不知为什么缘故离开家乡的，为什么缘故到百官去的？那是无从查考了，不过我们晓得百官虽是一个小地方，却是一个交通要道，西边通杭州，东边通宁波，离开王阳明的故乡——余姚，不过九十里，离开"天下闻名"的绍酒出产地绍兴，也不过百里路呢！在这个要道前面流过的，有一条终年滔滔不息的曹娥江。江东称百官，江西是曹娥，说起来很奇怪，两个地方，好像欧洲的两个小国，相隔虽不过一江，而两地人民的口音，却有很大的分别。百官人说话很尖很高，曹娥人说话很响很重。所幸者他们所说的土语，还能勉强相通呢！

百官不仅有滚滚滔滔的曹娥江做它的大动脉，还有巍巍峨峨的兰钟山做它的好屏藩。正表公选择了这样一个交通要道，形势雄伟的地方，来建立他的事业基础。

小孩子，你们晓得他建立什么事业呢？他放弃了祖传的种田本行，拿了几十千铜钱，走到百官中街，开了一爿小小的山货店。什么淘箩洗帚，什么粪桶扫箕，什么鲜蛋灰蛋，什么竹管竹凳。大概关于家用的竹器，种田用的简单农具，这爿山货店都有出售的。

一爿店要开得发达，不是一桩容易的事。他对己克勤克俭，对人亦忠亦诚。每天烧一小铜罐饭，这一铜罐饭要吃三餐。起早到晚，独自奋斗。

几年之后，营业逐渐发达，经济也渐宽裕，遂娶戴氏为妻，生了两个儿子。长子叫大鸣，次子叫大成。大成公没有儿子。大鸣公承继父业，同时也带种田。我们现在在金鱼湾所有的三亩半田，和在湖田里所有的十余亩田，听说都是他亲手耕种过的。真所谓勤守本分，安居乐业。

这样看来，我们的祖宗正表公着实值得我们钦佩呢！他开辟事业和刻苦耐劳的那种精神，都深深地注入陈氏子孙的心液里，一直遗传到我们的身上。我们可以用八个大字，永永远远来纪念他呢："勤俭起家，忠厚传代。"

二、光浩公目光远、胆量大

光浩公是我的祖父。他是个独生子，而且他的母亲养他的时候，已经有四十二岁了。小孩子，你们看到此地不要轻易地把这一点忽略过去。你们知道我们中国几千年来，都以忠孝为立国之本。"孝"有时候比"忠"还要重要呢。你们没有听见过老年人说过吗："百行孝为先"，中国又是建筑在宗法制度上面，一姓一家的继续，必定要靠子孙的。所以那时候，社会还是重男轻女。我们的祖宗正表公虽有二子，次子无后，只有长子生了一个单丁——光浩公。光浩公夫妇过了四十岁尚未得子，心里非常焦急。传说他们自从结婚之后就格外热心行善事，帮助人。他们深深地相信，行善事就是积德。积了德上帝一定会保佑他们，会满足他们求子的愿望的。所以凡是穷苦而去求助的，他们必竭力救济。有一天，一个女子赤了脚，沿街讨饭。祖母看见了就把自己的袜套脱下来给她穿。这种乐善好施，"己饥己溺"的精神，虽然是为求子而积德，但是对社会确有很大的益处呢！

我在前面已经说过正表公是我们百官陈氏的开创鼻祖。光浩公要称为我们陈氏立业的祖宗了。他把正表公创办的一爿小小的山货店扩充为京广杂货店。

小孩子，你们现在不是在上海看见无数洋货店吗？可是六七十年前除了几个通商口岸外，洋货是找不到的。那时所有的都是国货。国货中最通行最时髦的要算京广杂货呢！"京"是指北京货，"广"是指两广货。

光浩公目光远、胆量大，就在山货店旧址建立了百官镇唯一的一爿京广杂货店。这种店究竟卖什么东西呢？什么布匹瓷器，什么针线纸张，什么明矾火绒，什么刨花扑粉，日用衣着化妆物品，应有尽有。光浩公奋斗了几年，这爿京广杂货店居然办得很稳了。

道光三十年（1850年）洪秀全树起反清复明的旗帜，从广西出发，一路所向披靡，不三年占领了南京。同时遂收复江、浙诸地。不过太平军，那时称为"长毛"，到江浙时军纪荡然。看见百姓就杀，看见东西就抢。把百官街烧成灰烬。奸淫掳掠，无恶不作，使得人民流离失所，痛恨切齿。听说，当时老百姓一听见"长毛"来了，就四面奔逃，小孩子若来不及提携背负的，就弃在河里井里。甚至一二岁的婴儿若要哭叫，做父母的就把他们闷在怀里闷死、放在屁股下压死。那时候，我的母亲已经有八岁了，这些惨无人道的事情是她亲眼看见的。她每次讲的时候，我总要"毛发悚然"呢！

我们的祖宗光浩公，那时也被长毛掳去充壮丁了。掳到离开百官五里的地方——荫岭，光浩公想逃走而不得脱，就被长毛一连斩了十三刀。一刀斩在鼻梁上，把鼻梁斩断，一刀斩在头颈上，几乎把喉管斩破。光浩公这样受了重伤，倒在田坑里，气息奄奄，朝不保夕！

三天后，一个乡下人路过，看见田坑里这样一个鲜血满面的人，吃了一惊，摸摸他的胸腔，还有点儿热气。仔细看看，似乎有点认识，就问他说："你不是光浩先生吗？"光浩公听见有人叫他，就想回答，但口已不能说话了，只得勉强点了一点头。乡下人看见他还没有死，连忙把他背到家里，一面设法医治，一面通报陈家。过了几个月，创伤治好了。上帝保佑，一命总算保全了。

　　光浩公确是有胆量有魄力的。他虽然受了这样的重伤，一等到病好，就鼓着勇气，继续奋斗。在杂货店灰烬上，立刻盖了几间茅草屋，作为临时商店，进行买卖。我小时，在楼上门背后还看见放着两块木质的老牌子呢！上面写着：

茅草屋临时商店

陈聚兴冬夏布店

　　"长毛"平定之后，营业逐渐发达，经济日见充裕。光浩公就把茅草屋拆掉，改建两层楼房，楼上住家，楼下营业，店号改为聚兴隆，表示比前格外兴隆呢！旧店新开，气象蓬勃，生意兴隆，"名副其实了"。

　　如是营业一天发达一天，一年发达一年，一爿小小的京广杂货店，在百官街上居然成为数一数二的大商号了。

　　说到这里我不得不提起一个"赤胆忠心"的老经理。他姓顾，名字叫传忠。他从十四岁进店做学徒起，一直做到七十二岁，方才告老回乡。他主持店务有三代之久。我祖父时他做学徒，做账房。我父亲时，他做经理，我的大哥做老板时，他仍做当手。不过不久，因大哥年轻，只知务外，不理店务，把祖宗惨淡经营传下来的一爿"闭着眼睛可以赚钱"的京广杂货店押掉了。那位"鞠躬尽瘁"的忠心老仆，不得不垂着头，含着泪，和那服务五十八年的老店告别了。

我们回过头来再说光浩公吧！光浩公为人非常正直，一无嗜好。嫖赌固然不来，烟酒也不沾染。他只晓得勤俭、耐劳、刻苦、奋斗、行善。他真是一个典型中国老百姓，不幸五十三岁就逝世了。那时我的父亲还只有一岁呢！幸而我的祖母非常能干，治家固然井井有条，教子固然有方，而主持营业也胜任愉快。传忠先生专事进货对外，她呢？店里的大小事宜都由她来处置办理。这样大的一爿杂货店居然给她维持到几十年。不幸她七十三岁逝世之后，他的儿子，因有残疾（跛子），不能亲自主持，致营业稍有退色，而终于到了大哥时，这爿店就一败涂地，不可收拾了。

三、子女必须孝顺父母

现在我要说说我们的祖宗怎样教训子孙的。他们教子孙是非常严厉的，有一天我的父亲上私塾读书去。因为起身太迟了，他就不吃早饭去上学。他经过一爿麦果店，看见火热的麦果就停了一停。卖麦果的看见了就对他说："小东家要麦果吃吗？"

他想想有点饿了，说："是的，我要吃的，不过没有带铜钱。"

卖麦果的就提给他一个麦果，说道："你吃好了。等一下，我到你店里来拿钱好了。"他就接着吃了。

到了中午，卖麦果的就到店里来向光浩公讨钱，说道："小东家有一个麦果钱欠咚。"

"几个？"

"两个？"

光浩公就拿出两个铜钱还他了。

过了一息，我的父亲回家吃饭了。一走进门口，光浩公拿起一块压布的方铁向他掷过去。幸运得很，掷了一个空，不然，不是"一命呜呼"，也要头破出血呢！

那时恰巧光浩公的老朋友俞汉阳医生看见了，就质问光浩公："你只有一个儿子，不能这样打他的！"

"要从小教起，恶习惯不可养成的！"小孩子，你们想想看：这句话对不对？我想，这句话是千真万确的。小孩子是要从小教起的，恶习惯是不可以养成。但是这种严厉的教法，恐怕是有问题的。也许你们不会赞成的。可是我的父亲受了这种严厉教训之后，就再不敢赊欠了，而且将来他教训我们也是这样严厉呢！

亲爱的小孩子，我们中国有句俗语："棒头底下出孝子。"这句话，我的祖父深深相信的，我的父亲也深深相信的。我因为小时受了这种严厉的教训，起了反应。所以我用慈爱的方法来教你们了，我相信"爱"比"严"来得好些。但是"爱"不要变成"溺爱""宠爱"。"溺爱"比"严"还要坏呢！

在这里，我要声明一句：我们的祖宗以严教子，并不是不爱其子。他们以赤诚爱他们的子孙的。不过他们相信子女必须要孝顺父母。若是不孝，还是不生好。若要他孝，若要他好，必须要从小教起。这种信仰，这种哲理，都值得我们景仰的。

第二章　我的二哥

出师未捷身先死　长使英雄泪满襟

一、小时没有点心吃

我的二哥是我们五弟兄中最聪明而最伶俐可爱的小孩子。他有高尚的思想，远大的见识，深博的学问。他的小名叫做阿垚。乡下人都称他为"垚伯"，目之为"圣人"。他真是一个天才，不幸天不假年，青年夭折，何胜浩叹。百官镇上到今天还没有出过一个像他这样的人呢！我每次读到"出师未捷身先死，长使英雄泪满襟"。不禁想起我可爱可敬的二哥而感慨系之矣。

二哥小名阿垚，书名鹤闻。他小时容貌端正，身体强壮，精神饱满，天真烂漫，母亲说："五个兄弟之中，阿垚生得顶好看。鼻梁笔直，脸盘见方，眼睛漆乌，皮肤雪白，口齿伶俐，举动活泼，真可爱呢！"他喜欢爬树、爬墙、跳高。他能使棒，他能用一根四尺半的棒，像孙行者在身子左右前后乱舞。使你看过去，差不多只见一个圆圆的棒球，而不见他的身子呢。二哥是申亥年生的，属猴，他又善于舞棒，所以那时乡下人就叫他"垚猢狲"。

二哥最喜欢"吃"，说到"吃"，那真是可怜极了！我们小的时候，那里有什么糖果、饼干吃呢。除了三餐饭之外简直没有什么东西吃的。但是小孩子总是小孩子，那一个小孩子不喜欢吃呢？况且小孩子长大的时候，尤其需要糖食、水果。中国饭不像外国饭，饭后总有一些甜的点心，填填肚。

二哥小时没有点心吃，也没有什么糖果、饼干尝，但是他最爱吃，所以就发生问题了。父亲有时要吸鸦片的。吸了鸦片，口里觉得有点渴，有些苦，就用点茶食解解苦，水果止止渴，所以茶食、水果家中总是有的。但这些茶食、水果是父亲一个人吃的，我们五个小孩子是没有份儿的。二哥聪明，父亲不给他吃，他会偷的。我不是说过吗？二哥的身体很强健，举止很活泼。父亲的茶食、水果，不管藏在眠床里或是锁在厨里，二哥总有法子偷点儿吃吃。事情发觉了，父亲总要骂他、打他。

父亲怎样打他呢？二哥是会跳会跑的。父亲是个跛子，怎样捉得住他呢？所以白天父亲一点不动声色，到了半夜三更，父亲就叫母亲把挂在墙上的竹梢拿下来提给他。母亲是不敢反对的，假使拿得慢一点，也许父亲还要打她的。

说起竹梢，我不得不在此地插一句：这些竹梢，打起人来，真痛呢！但是不会打伤人的。父亲也不随便乱打，把小孩子打得头破出血。竹梢是有竹叶的，打起来，没有劲。他老人家就把竹叶儿，一片一片地从竹梢上摘下来，再把竹梢一把一把地扎起，挂在墙壁上以备"不时之需"。

小孩子，你们现在急须要知道他究竟怎样打人呢？我来告诉你们吧。他老人家左手拿了竹梢，右手拿了拐杖，母亲提着火油灯在前面走，他跟着后面一步一步地颠。我们小孩子都是睡在楼上的。他上楼是非常吃力。所以走到楼上，他已经有点气喘了。这样，他的怒气无形中受了上楼动作的刺激而增加了。他上了楼再一步一步地颠到二哥的床边。

说到眠床，我又要插一句了。

小孩子，你们现在多舒服！每人都有一张床。那时候，我们五六个小孩子像小猪似的睡在一窝儿的。

父亲到了床边，先把拐杖安放好，再把竹梢拿在右手，左手捏住被角，"呼"的一声，把被儿揭开，五六个小猪似的小孩子从甜梦中惊醒过来，看见怒气冲冲的父亲，提着一把亮光光的竹梢，就人喊道："爹爹！爹爹！不要打！不要打！"

其实，受打的只有二哥，其余没有打。但是个个小孩子都吓得栗栗发抖呢。父亲就对二哥说："阿垚，你做得好！我要问你，你下次做不做了？"问了就用竹梢向二哥的屁股上抽。若二哥动一动，父亲抽得重一点，若二哥要乱动，父亲便乱抽。父亲打的时候，我们其余的小孩子躲在床角里，鹿鹿地抖着。

打好了，二哥的屁股上，像绳子一样粗的红痕儿，一条一条地纵横着。

二哥这样挨打之后，就再不敢偷吃了吗？不！过了几时，伤痕平了，他的"吃"欲又发了。茶食、水果还是要偷来吃的。所谓"打骂由他打骂，茶食、水果，随我所欲"。

二、喜欢看闲书、写字、讲故事

二哥不但爱吃而且爱看闲书。因为爱看闲书而挨打骂的，又不知多少次数呢！小孩子，你们听了，一定很奇怪，为什么儿子看闲书要受父亲打骂？现今我不是常常买书给你们看，教你们读吗？为什么我们的祖宗正和现代的人相反呢？我来说给你们听。

从前的人想小孩子应当读正经的书。闲书是成人的消遣品，没有事，空闲时，看看解解闷的。

什么是正经书呢？

四书：《大学》、《中庸》、《论语》、《孟子》。

五经:《诗经》、《书经》、《易经》、《礼记》、《左传》。

什么是闲书呢？各种小说、故事都称为闲书，不过那时的小说、故事没有外国的，都是中国的，什么《三国演义》、《水浒》、《红楼梦》、《西厢》、《前后唐》、《东西晋》、《老残游记》、《儒林外史》、《西游记》、《封神传》、《七侠五义》等等几百种小说故事。

父亲喜欢看闲书。木版的旧小说书，他足足有四大箱。父亲不但喜欢看而且爱书。所有的书都是放得整整齐齐，保存得牢牢稳稳。每年他总要把书拿出在太阳光里一本一本地晒过，书箱里面还藏着无数包的樟脑粉，以免蛀书虫的侵入，不仅如此，他所看过的书，没有一本卷角的，都是方方正正，像新的一样。

二哥爱看这些闲书，父亲不准他看，他就偷了看。他看闲书，看出神了，吃饭的时候，看闲书；大便的时候，看闲书；走路的时候，看闲书；上学的时候，也看闲书。有时候他还要怂恿四哥一同懒学，躲在树底下看闲书。

书角卷了，或是纸张破了。父亲一发觉，就要骂他、打他。骂过、打过，他依旧偷着看闲书。

有一天晚上，他太随便了，他在一本闲书上，练起大字来，把这本闲书，写得一塌糊涂。父亲看见了，就要打他。这一次，父亲气极了，不像从前等到半夜三更，再行下手。

　　二哥看见父亲来打他了，就逃到屋外，看看父亲出来寻找了，他连忙爬进水缸里躲着，缸水是满满的，他把头露在水上，险些儿，一条性命送掉了。

　　二哥喜欢写字，写得一手好字。十一二岁就能写对联了，练字的方法也很好，他有一块一尺见方的大砖头，砖面是磨得很平的，他把这块方砖放在桌上，把一支大笔在清水里浸一浸，就练起字来，方砖是吃水的，水一写上去就被吃掉了，这是一种不花钱的练字法。

　　还有一种不花钱的练字方法，我常常看见二哥采用的，他就在废纸上，旧报纸上，旧练字纸上，练习写字，如此练习，无怪他能写一手好字呢。

　　二哥既然喜欢写字，能够写字，所以乡里人常常请他写字。什么婚姻对联，丧事挽联，新年春联，都要请他写呢。

　　二哥不但长于写字，而且善于辞令。一到夏天晚上满村子里的农夫、小孩子，都到我们家里听二哥讲"朝事"，就是故事。什么"唐僧取经"，什么"火烧连营"他能讲得有声有色、娓娓动听。那时二哥还只有十一二岁。乡里人因为他能写字，能讲朝事，就称他为"垚先生"。

　　这位垚先生真聪明呢！十二岁"文章满腹"了，四书五经都读完了。他的老师是一位廪生，姓王号星泉，是百官镇上数一数二的名教师，学问既博，道德又高。二哥是要算他最得意的高足了。

三、考取童生

十三岁的上半年，二哥去应县考了。不过从百官到上虞县城里倒有四十里路。坐轿去吧，似乎年纪太轻，怎样装成像考相公一样呢？走去罢，脚力太小，跑不动。父亲说道，还是"搁"了去吧。"搁"就是骑在肩上的意思，别人"骑鹤上扬州"，二哥骑肩上县城。骑到县城里，别的考相公看见了，以为他是来看戏的。不料一考，居然给他考中。那看戏的小孩子竟变为小"童生"了。

照例县试考取后，同年八月间，须上绍兴府去试府考。若府考考得取，那就是"秀才"了。不幸得很，父亲四月间逝世了。照前清考试规则，凡是丁忧的，不准应试。其实丁了忧而去应试，也可以瞒得过去的。但是百官的一般季、谷、糜，三姓大绅士知道了就要"动气"告发，不准二哥去应试。这究竟是怎样一回事呢？难道二哥中了秀才，不足以增百官人之光吗？说起来很痛心呢。那年百官人要去应试的，还有一个绅士糜新甫的儿子，名叫伯春。照理他应当带二哥同去，一路上可以照顾照顾。但是糜新

甫太妒嫉了，恐怕他的儿子不中，就邀同季、谷二姓绅士恫吓我
们说："你们是外县人，现在阿垚正在丁忧，若要去考，我们地方
上绅士，就要动禀告发。"

星泉先生得知了，连忙亲自跑到我们家里问母亲说："你们寄
居百官已有五代了，当然不能算作外县人。但是丁忧确是一个问
题。你们有伯伯吗？"

"没有。"

"你们有叔叔吗？"

"没有。"

"如其有的，那就可作为承继出的，没有丁忧的关系了。"

母亲心里想了一想，说道："阿垚年纪还小。这次不去考，将
来也可以去的。"不料，丁忧三年，中途生变，二哥生病，不能
应考了。当初得以应试而中，二哥也许在今天还活着呢！以后他
究竟遭遇到什么？让我慢慢儿告诉你们吧。

未说之前，有一句话，要补充的。当初为什么糜绅士会生妒
嫉呢？照前清考试规则，全国各县每年考取秀才名额是有规定的。
读书人的多少是不论的。应考生的多少也不管的。假定甲县规定
每年有秀才名额二十人，若今年甲县送去应考的只有二十人，那
二十人不管是阿狗阿猫一定个个都取了，假定乙县的秀才名额也
是二十人，但去应考的有二千人，那考取的秀才也不得过二十名，

这种不公允的办法是皇帝钦定的，没有人敢反对的，有了这种规定之后，笑话就百出了。

浙江省有十一县。山阴、会稽、诸暨、嵊县四县的读书人很多。每年考试的竞争都是非常之烈。于潜、昌化两县不甚开通，读书人就很少。每年应考的寥寥无几，有时秀才名额比应考的人数还要多呢。应考的人数少，县知事是有罪的，什么罪呢？提倡教育不力，听说，有一年于潜某知事深恐应考者太少，事先命差役去捉。

"差役，把读书人捉了来。"

"老爷，读书人有什么标记的？"

"屁股里宕结子的。"那时读书人腰系丝带，带结挂在背后的。

"老爷，是，知道了。"差役就退出去捉了。找来找去，找不到一个读书人。后来，走到市上，看见一个人拿了一杆秤，秤上挂了一个铁锤，宕在屁股头，就把他捉了去，知事见了，大怒道："你为什么把他捉了来？"

"老爷不是要捉那宕结子的读书人吗？"

"胡说，他是称柴的中人。"

这虽然是一个笑话，但也可以证明规定秀才名额之不公而各县秀才学问之高低了。

四、五次打击

小孩子，你们听见这个笑话，就可以明白当初糜绅士为什么要妒嫉呢，他生怕二哥中了秀才，把他儿子的名额夺取了。结果是怎样呢？二哥的功名固然给他断送，而他的儿子也名落孙山，仍旧不中。土豪劣绅之暴寡忌才，何如是之甚耶！这是二哥第一次所受到的打击。

二哥不得志于功名，即要出外，另谋发展。先致信于在杭垣经营绸庄的俞表兄。二哥一再函请提携，而世态炎凉总不得一复。这是二哥第二次所受到的大打击。

二哥气愤之余，立志到杭进学堂求新学。他就请求母亲筹划学费，说道："我要到杭州去求新学，请阿娘无论如何要设法筹到学费，即使没有钱，当当卖卖培植我，也是值得的。"二哥说得如此恳切，那知道母亲太无学识了，太溺爱他了。母亲以二哥年龄太小，不肯放心让他远出"重洋"。那时候，风气蔽塞，交通不便。渡钱塘江，先要祭祖宗。到杭州去读书，好像往外国去留学。一个十三岁的青年小孩子，怎样可以渡危险的钱塘江，到遥远的杭州去读书呢？二哥读书的壮志，才成泡影。这是二哥第三次所受到的大打击。

这时候，父亲所故，家道尚可。聚兴隆广货店还是存在，家中田地虽已押去一些，尚有五六十亩。若主持得人，尚可有为。乃大哥忠厚，以严父一故，压力即去，因误交损友，遂沉迷赌博，坐使五代相传的金字招牌，日见衰败，祖宗以血汗换来的田产，日见削弱。

那时候，二哥确有远大的见识。他看看我们陈家这样下去，非到破产不止，就建议母亲，请将广货店盘掉，暂时收缩，待将来弟兄长大，重整旗鼓，再图复兴。不料大哥不同意，母亲也无决断。五六年之后，广货店倒闭了，田地卖光，甚至于把祖宗的坟头地基，也押得干干净净。"戏文做不下去，只有出菩萨了，"这是我们绍兴人的一句土话，就是一家人家等到没有法儿生存的时候，自然会有人出来帮助振兴的。我们陈氏究竟谁是"菩萨"，谁来中兴的？等到以后再说。现在我们还是继续说说二哥的生平吧。

二哥在十三岁那一年受了三次大打击，就郁郁不得志，心中非常烦闷。星泉先生看见这种情形，就叫他回到私塾里帮帮忙、散散心。

说来奇怪，二哥本来最爱吃、最顽皮。自从父亲一死他完全变了一个人。"吃食"固然无从去偷，顽皮也不知何处去了。坐必正，立必直，终日规规矩矩，沉默寡言，俨然一个具体而微的小成人了，大哥赌博，他要说的。弟弟读书，他要教导的。可惜那时我年纪太小，还没有上学呢。

到了十六岁，二哥"成人"了。星泉先生就对母亲说道："鹤闻现在成人了，可以设馆收门生了。他年纪虽小，他的学问着实够了。你可以放心。"母亲就怂恿二哥教书。二哥似有难色，说："娘，青年人教书，不是光荣的。青年人应当在外做事，做一番轰轰烈烈的大事业，我年纪这样轻，应当力求上进，奈何学老学究设馆授生呢？"

母亲给他说得一句话不能回答。但上无叔伯为之提携，中无亲友为之援手，不得已于光绪二十五年（1899 年）八月在家中客厅设馆教了。邻近的儿童一听见二哥教书了，就大家争先恐后地来上学。第一天开学时就有三十来个学生。那年我已经在星泉先生处开过学，读过半年，现在也拜二哥为先生了。

有一天，大哥定亲办喜酒，二哥吃了一只老雄鸡的头。第二天双目失明，眼珠无神，赶快送到绍兴城里请寿敏斋眼科医生去医治，医了好几个月，目光有点了，但是变成近视了。这是二哥第四次所受到的打击。

光阴荏苒，一年半忽忽过去了。一学期学费一百多元又收到了。一家生活不无小补呢，母亲、二哥都很高兴。那知道有了钱，别人就要来看想呢！俗语道："钱财不露白，露白要赤脚。"

到了新正晚上，有一个邻居，名叫"源班长"，就来怂恿二哥去打牌，说："新年新岁，要高兴高兴。"二哥谢绝不去。

过了一息，源班长又来叫他了："垚先生，时间还早，我们去打两圈来。"二哥心动了，带了百余元就一同去赌了。不料不赌则已，一赌竟输得"滑溚精光"。到了半夜里，垂头丧气回家了。走到楼下池，他预备跳下去自杀了。幸而有同伴俞福全劝住。二哥到了家里，就上床去睡了。福全心里很明白，知道二哥一定要悲痛不已，就偷偷地告诉母亲说："大妈啊，垚先生要脸孔的，当面不要去说他。"

第二天早晨二哥还是睡在床里不起来。母亲就过去对他说了一句："阿垚，你不是要说你阿哥吗！半年辛苦，怎样一夜输光呢？""娘，我晓得了，请不必说了。"二哥从此郁郁不乐，一病不起。病到第二年八月十日就与世长别了。我写到此地，泪珠夺眶而出，潸潸而下，再也不能写下去了。

写于宁波青年会二九·一·十六夜

五、精神不死

亲爱的小孩子：昨夜我为什么哭得如此悲痛呢？我哭二哥是个天才，而环境恶劣竟不得展其宏才。我哭二哥是个贤能，不幸早夭，不得伸其大志。

二哥得病的原因实在是离奇得很。一个很活泼、很强健的青年，一夜忧郁悲痛，竟致不起。他患的是心病，不是身病。身病好医，心病难治。当年伍子胥过昭关，一夜忧虑，须发尽白。小孩子：这都是很宝贵的教训。

在二哥抱病的期间，有两桩事值得记录的。

十九岁新正，就是病后第二年，他想吃一点新年茶食，开开胃口，就吃了几粒甜青梅，就是在糖汁里浸过的梅子，不料第二天声音没有了，说话说不响了。二哥从心病，转到肺痨。患肺痨的是不能吃甜青梅的，其中的奥妙，只有请教医生了。

这是一桩事。第二桩呢？大约也在新年的时候做的。邻居俞福全见二哥久病不起，遂对母亲说："垚先生既然因赌输得病的，也可以因赌胜而病会好的。我们再邀他一同来玩玩，使他大胜而特胜。"母亲深以为然，就设置圈套，使他大胜。然已太晚了，况且二哥得病，并不因为赌负的缘故，乃是因为受到精神上的打击。从前他是说大哥的，现在自己也犯了同样的毛病，不但见笑于大哥，且无以对母亲、对祖宗了。

所谓"一失足成千古恨，再回头已百年身。"

这是当时二哥所深深感到的，而我从那时候起也常以此警惕，作为一生当头棒喝呢！

我因此有所感了。二哥是一个非常规矩的人，烟酒嫖赌，素来都极端反对痛恨的。何以到后来竟死于赌呢？这个责任不应他负的，要社会负的。人非圣人，谁无欲望，奈何社会如此沉闷；正当娱乐，一无所有。既没有游戏运动以活泼其筋骨，又没有音乐歌唱以舒畅其情绪，所有者烟酒嫖赌，种种恶习，都不是二哥所屑为所愿为。况且新年新岁，赌博是公开的，是皇帝特准的，玩玩本亦无妨。乃二哥自许甚大，自视甚高，今一不慎，隧入陷阱，使洁白之圭得沾污点。谁之辜耶，社会亦应负其责矣。

二哥去了。他的身躯虽死，而精神不死。他的声音笑貌、思想、道德，都早已深深地刻入我的心灵中了。九泉有知，也可以含笑自慰矣。

第三章　我的童年

吃得苦中苦　方为人上人

一、身体强健

亲爱的小孩子：

我的童年，没有像你们过得那样快乐呢！你们有华丽的衣服穿，有鲜美的鱼肉吃，有整洁的房屋住，有好书读，有玩具玩，有电影看，还有很慈爱的祖母、母亲抚养你们，有和蔼可亲的父亲教导你们。你们着实可算是"天之骄子"呢。

我的童年究竟怎样过的？是痛苦还是快乐的？我来详详细细地告诉你们吧。

我的母亲，常常说起我小的时候，是个很好玩的小孩子，但她说我是生得很苦的。光绪十八年（1892 年）二月初七日我在百官茅家弄住宅生的。我生的时候，老天刚刚下大雪，收生婆也没有人去叫。母亲真勇敢，真能吃苦。她自己到厨房里去烧水，拿脚桶，还要把我穿的衣服摆好，尿布放好。那时候，母亲已经痛得不可当了，但是一声也不喊痛。她就上楼去，睡在床上，稍会得着一点休歇。痛了几阵，我就出世了，哇哇乱叫。母亲看见我是一个男孩子，心里倒很高兴。她就拿起一把剪刀，把我们母子相依为命的一条脐带，剪为两段。那时候邻居兰娘赶到了，连忙把我洗澡穿衣服。穿好衣服，我就舒舒服服地睡在母亲身旁睡熟了，我出世的时候，差不多是半夜。所以我的生辰八字是：

壬辰（年）　癸卯（月）　丙申（日）　己亥（时）

俗语说："落地一声叫，八字生好了。"后来母亲把我的八字叫瞎子先生算了一算，说我的八字着实生得好。将来一定是非常发达的。你们想想看，可笑不可笑，一个八字怎样会决定人的终身呢！

母亲说我生来身体很强健，没有生过病，甚至于连伤风发热这种小毛病，也差不多不大有的。牛奶是没有吃的，吃的奶完全是母亲的血奶。我吃到三岁，变成一个白白胖胖小孩子了。到了夏天，我总是赤身露体，一个人，在园子里南瓜棚下玩烂泥，玩得满身烂泥，像个小泥人。

二、家境困难

父亲是很严的。他睡在楼下书房里。我进出总是走后门的。他吃饭总是一个人吃的。我们小孩子另外在厨房里一起吃。父亲死时，我才六岁。在这六年中，我没有同他吃过一次饭。我们都不敢同他亲近的。我们在厨房里，也一点不敢作声。若是兄弟间稍会有点冲突，只要母亲说声"我要喊了！"我们立刻鸦雀无声了。所以我们兄弟从来很少有口角的。"打架"那是绝无仅有了。

我四五岁时，我们的家境已相当的困难了。祖母已去世有六七年头。父亲不会做生意，所以祖传的一爿杂货店就开始亏本起来了。

那时候，母亲格外做人家了。我们几兄弟吃得真苦呢！五六个钱的一个蛋，打一打，饭锅子里蒸一蒸，拿出来划成四份。我们四兄弟（大哥已在外学生意）一人一份，有时候换换口味，买根油条儿吃吃，油条二个小钱一根，我们每人只可吃半根。在豆腐汁里浸一浸，过一餐饭。有时候母亲看我们吃得太苦了，蒸碗火腿皮儿给我们吃吃。火腿皮儿多么硬，多么韧，牙齿都嚼得又酸又痛。还有火腿皮儿是很腻很涩的，吃了，口里要三日难过！

小孩子，你们不要笑我们呢！我们倒吃得很有滋味，也没有你抢我夺，你多我少的事情发生。夏天日长，到了下午四点钟，肚子饿了，就冷饭盛一碗开水冲冲，萝卜干过过，吃得很高兴。什么蛋糕、炒面、馒头、饼干，连梦也没有做过。

我六岁的时候，父亲死了。家道中落，一年不如一年。店事无人过问，债台高筑，无以应付，只得卖田卖地，把祖宗用血汗换来的一爿店，一点产业，卖得干干净净。母亲耐着心，忍着痛，自劝自慰道："我还有四个儿子，总有几个宝谷的。"她的信仰心如此之大。她也常常教训我们说："吃得苦中苦，方为人上人。"我们听了，心里都受感动。我年龄虽小，也能把母亲的话深深地印在脑中。

我从六岁到十四岁这八年之中，我们实在苦得很。一家八口都是嗷嗷待哺。大哥生意做不好，小姊尚未出嫁，二哥抱病在床，三哥学业尚未成就。母亲没有法儿，替人家洗洗衣服，赚几个菜钱，也是好的。她就偷偷地叫我们店里的学徒每天把先生们的脏衣服拿到家来洗。

究竟洗衣服，可以赚多少钱呢？少极了！袜子一双五文，短衫一件十文，长衫一件二十文。一天可洗三十件，平均十文一件，不过三百文，等于现在一毛钱，但是一毛钱够你吃力了。母亲先在家里把衣服抹了皂荚（那时还没有洋肥皂，用一种皂树的果子来洗的），一把一把搓过。我把衣服用扁担挑到楼下池——离家约二百米远——再把衣服放在石板上，用脚踏。踏过之后，母亲再在池水里清洗。有时踏了一次不够，还要踏二次。这样洗好了，我再把衣服挑回家去。那时候，我还不过七八岁呢！一担二三十斤重的东西，居然也能挑得动了。

小孩子，现在我回想起这种事情，心里觉得快乐，也觉得悲痛。为什么快乐呢？我小小年纪，也能帮助母亲做事了。悲痛呢？母亲今年已八十有四，即使我再要帮助她做事，而她已不能胜此重任了。你们听见过伯俞泣杖的故事吗？汉朝韩伯俞非常孝顺，倘使犯了过失，他的母亲就用拐杖重重地打他，他一点也不喊痛。有一天，他母亲轻轻地打他，他倒哭起来了。他母亲问他说："从前我打你，你总不哭，何以今天倒要哭呢？"他说："从前母亲打儿，打得很重，儿知道母亲很康健。今母亲力衰打儿，儿不觉得打痛了，所以痛哭。"

这个故事我从前在童年时读过的，到今天还记得。所以一想起挑衣的事情，就和伯俞有同样的悲痛呢！

在那时期，我们的衣食，更成问题了。一个长长的冬天，我只穿了一件衬衫、一件棉袄、一条棉裤。一件衬衫从来不换的，因为一换，就要穿脱壳棉袄了。所以衬衫里、棉袄里、棉裤里都生满了雪白胖胖的虱子。衣缝里撒满了像芝麻般的白卵。说起虱子来，那真是伤心极了。衣服里生虱子，还可以想法子捉他，把他弄死。头发里生虱子，那就不得了。我小的时候，可说头发里生满了虱子，头发根上黏着无数白卵：头皮上面爬着无数"小兵丁"。每天用篦子篦，也是没有用，一天到晚，头上身上总觉得痒的。现在回想起来，身上还觉得难过呢！

这是讲到"衣"，食也更加困难了。有一天，大雪纷飞，母亲说："被窝里很温暖，穿起来太冷了，还是睡吧！我们又可以省一餐早饭呢。"我们大家又舒舒服服睡眠了。这是我们陈氏在百官立家以来第一次的真挨饿。挨了饿，才知道，饿是怎样一回事，使我们以后对于挨饿的人，格外容易表同情，所以偶然挨挨饿，也是对于一个人的同情心，有很大益处的。

挨饿只有一次。"麻油盐"过饭吃，倒是常吃的。有时候，家里没有钱买菜。那怎么办呢？白饭是不容易下咽的。母亲很会调度。她说："麻油调盐，是很好吃的。又咸又油，着实过饭！"我们当然吃之如饴了！

这样穿穿、吃吃，一家融融睦睦，倒也不觉得十分痛苦。有一年小姊出嫁了，母亲到杭州去玩，一天过了中午，大哥还没有回家。我因为肚里饿了，就要求开饭。大嫂把饭开出来同我一起吃。我看见桌上有碗火腿蒸灰蛋，就伸出筷子去夹了一点。不料大嫂伸出她的筷子，把我的筷子所夹住的一点火腿蛋儿，拨下碗里，说道："这是大哥吃的，我们吃了，大哥回来要吵闹的。"其实大哥总是给我吃的。那时我一阵酸痛，从心坎中发出像水一般地周流到全身。我忍着满眶的眼泪，把饭碗里的饭吃掉，走到楼上，倒在床上，号号地大哭一场。

在我的整个童年里，我只有三场大哭。第一场是在四五岁的时候。不知什么人骂了我打了我，我觉得骂得不对，打得不公，就号啕大哭。第二场是父亲死的时候。那时我还不过六岁呢，听见父亲在书房里绝气了，我就困在厨房里的长凳上也号啕大哭。第三场大哭就是这次了。这一场的哭泣与上两场的大哭不同。上两次的大哭是暂时的，哭过就完了，那是因一时的气愤或悲伤而哭的。这一次，哭的原因不同，而哭后就终身不忘了。这一次的刺激是我童年中最猛烈的刺激，使我深深地感觉到"人生非奋斗，没有出路。"我现在能到这个田地，未始不是靠奋斗之力，也未始不是受当初刺激之赐呢！

三、私塾开学的礼节

现在我要讲讲我的私塾生活了。那时我读的书与你们所读的完全不同，学习的方法也与现在的两样。那时乡下没有学校的，只有私塾。私塾里只有一位先生。学生的人数是不等的，少的三五人，多的四五十人。各人读各人的书，不是像现在学校里，四五十个学生完全呆呆板板读一样书，学一样的东西。那时的先生真能"因材施教"呢。聪明的学生，给他多学一点。愚笨的学生，给他少学一点。不举行划一的共同考试，引起无谓的竞争。倒用个别的指导，个别的考查，以资鼓励而促上进。对于学问的获得是如此，对于品格的训练也是如此。其实学业的成就在私塾先生的眼光看来，还不及道德培养来得重要呢。孔夫子不是说过吗？

"行有余力，则以学文。"品行为上，读书次之。

以上所说的几种优点：（一）因材施教；（二）个别教学；（三）行重于学；正是当今欧美新教育所标榜、所提倡的。但你们不要误会我，以为我在现在新教育如此发达的时候，而来提倡私塾教育，开倒车呢！私塾教育在中国已有几千年的历史，它的优点，我们应当采用，并发扬而光大之。但是它的弱点太多，它的组织，它的内容，太不适于现代的情形了。

私塾的生活，究竟是怎样的？我来把我自己的经验告诉你们吧！私塾开学是在春季，不像学校是在秋季开学的。我到了八岁，才上学读书。王星泉先生是我的"开笔"先生，开笔先生在私塾时代是很重要的，开笔先生就是第一个先生。开笔先生来得好，学生的前途来得远。开笔先生不行，那学生的前途就有问题了。所以那时候，学生都选择一个有名望的先生，拜他为师，跟他学。"开笔"二字从那里来的？学生初次上学，写字不会开毛笔，先生就教他怎样开笔头。先把笔头在水里浸一浸，再把笔头轻轻地在砚台里的墨水蘸一蘸。笔头不是完全开的，大概开到三分之一就不开上去了。这就是叫做"开笔"。私塾的先生是顾到学生的，学生开笔写字起一直到下课回家为止，天天如此，年年如此。

光绪二十五年（1899 年）正月十六日，我上学了，那时我刚刚八岁，实足不过七岁，上学有一定的礼节须遵守的：

（一）祭菩萨：上学之前，先在家里祭那保护读书人的文昌帝君。有的人家祭那保护状元的文魁星。若是你将来要中武状元的话，那么须祭武魁星了。我不愿意中状元，所以只请文昌帝君呢。

（二）上学：

甲　到书馆里。果盒糕一盒，棒香三根，红蜡烛一对，由二哥替我拿着，陪我走到横街星泉先生的书馆里。

乙　拜孔夫子。孔夫子是太上老师，称为至圣先师，所以先要拜他。二哥先把果盒摆在孔子神座前面，再把蜡烛点着插上烛台，棒香点着插入香炉，然后请先生坐神桌的左手，叫我开始跪拜了。这一次的跪拜，因恐怕弄错，是预先在家学过的。所以那时我没有把跪拜弄错。怎样拜呢？先直立两手合拢举起一拜，再跪在蒲团上一拜，立起来一拜，跪下去又一拜。如是者四次，这叫作"四跪四拜"。

丙　拜先生。孔夫子拜后，就拜先生。拜先生用不着四跪四
　　拜，只要跪着一连四拜就行了。

丁　拜见同学。同学是要互相帮助的，所以必须先要认识，
　　我就向他们作一个揖。

戊　拜见师母。二哥领了我到书馆后面去拜见师母。我见了
　　她，就叫声"师母"，向她作一个揖。

己　分糕。先生先把蜡烛吹熄，再把果盒糕三分之一留给师
　　母及师弟兄。其余的糕分给同学，每人一块。同学都吃
　　得很高兴。那天初次来上学的，不止我一个，所以我也
　　有糕吃呢！

　　这种上学的情形，不是比你们的要有趣味吗？你们初次到学
校里去，不但没有这样的趣味，而且还要觉得陌生、孤独呢。我
一进私塾就与同学正式相见，不到十天，三四十个同学个个都认
识了。你们呢？等了两三个月，恐怕还叫不出同学的名字。

　　（三）祭祖：上学回来就要祭祖宗。我们家里祖宗，祭没有祭，
那就记不得了。

　　（四）请先生吃酒：有钱的人家还要办"先生酒"请先生到家
里来吃，并请邻居朋友作陪。这是什么意思呢？就是请先生好好
儿严格教导小孩子呢。

这样说来，从前儿童上学是人生中一桩最重要的事情，也是人生中一桩很有趣味而值得纪念的事情呢！

四、读书的情形

先生怎样教的？学生怎样学的？私塾里的教学法与学校里的大不相同了。每天上午八时左右，走到书馆，就先向孔子神位一拜。然后走到自己的座位上坐下。说到座位，我想到课桌椅了。课桌椅现在都是学校里备好的。我们要自己拿去的。有时候，还要同别的同学拼一拼。我们的书桌大概是两屉的长方桌，用用还适宜，普通总是高了一点。椅子是不大有的。我们不是用长凳，就是用方凳的。长凳没有靠背，方凳也没有靠背，结果，坐的时候，尤其写字的时候，我们的背脊就容易驼了。我的背脊倒是笔直的，到今天还是一点都不驼。这是什么缘故呢？我想这是二哥的影响。因为他坐的时候，总是挺胸直背的。

话要说回来。我们大家坐好之后，就开始把昨天所上的一课朗读。先生出来了，我们就一个一个地把书拿了去，放在先生的方桌上背诵给先生听。

背书的姿势，看起来，着实好看呢。面朝外，背向里，上身摆到右，把右脚放下去左脚跷起来。上身摆到左，把左脚放下去右脚跷上来。口里尽管念着。这样钟摆式的背书，想想很有味儿。

旧书背完了，先生给我上新书。先生念一句，我跟他念一句。一节念完了，先生在一节末尾的一个字旁加一个红珠圈，以作记号。

我把书拿回来，放在自己的桌上朗朗诵读，若生字忘记了，可问同学，同学也不知，可问先生。大家一起上了新书，就各自朗朗诵读。朗读的姿势，也是很好看的。上身摆到左边，屁股跷到右边，上身摆到右边，屁股跷到左边。远望过去，好像现在音乐室里计时的摆，在大摇大摆。若是念得口干，停止了，先生把戒尺别别地敲敲。我们一听见戒尺声又朗朗地诵读。读了一息，又要休息了。先生看见我们停止了，又别别地敲敲，说：

"读呀，快要放学了！不读熟，要迟放的。"我们又朗朗诵读。到了十一点半，先生说："放学了"，我们就把书包包好，向孔子神位作一个揖，鱼贯而出各自回家了。中饭一吃，不到一点钟又去上学了。下午要写大字的。我们一到书馆，就把书包打开，把纸儿拿出来写。开始写字的时候，先生把住我的手写的，先生同时告诉我，字要怎样写的。撇要怎样撇，才会有力。横要怎样横，才会不曲。先生把了几天，大学生替先生来把我写字了，等到我稍微有点会写了，才让我自己写。写什么东西呢？木刻的描红纸，上面印着"上大人，孔乙己"这些字是红的，已经印好的，我用墨笔照样描一描。这种法子，着实不差呢。

一年后，描红字不写了。我写印格了。先生在纸上先写一行，我就照样写几行。这种印格大概一个月，先生给我换一换。印格学了之后，就临碑帖了。碑帖普通都以颜字开始的。

大字写好之后，就把纸儿拿到先生的书桌上，用戒尺压住，以免被风吹掉。

字写好了，我就把上午所上的新书朗朗诵读。那时先生用红珠笔改字。字写得好，加一个红圈，写得特别好的，加一个双圈，写得不对的，加以改正。写得坏的，加一直，若写得太坏了，就加一个"X"。

到了四点钟，放晚学了。先生把字纸一张一张地发还给我们。若是"红蛋"就是红圈"吃"得多，心里就很高兴。若"甘蔗"就是红直、红"X"吃得太多，先生还要把我们"关晚学"呢。不论红蛋，不论甘蔗，每天晚上，我们总当点心"吃"的。我们放学回家，先要向孔子神位作揖的。

若在夏天，天时很久，天气又热，那下午写字之后，就对"对子"了。先生每天给我们一个对子叫我们对。一个字开始，逐渐到六七个字。譬如：

（一）"天"——对"地"

（二）"荷花"——对"橘子"

（三）"雪中送炭"——对"锦上添花"

（四）"大雨来"——对"微风吹"

对对子是做诗的初步，对对也很有味儿。

有一个关于做对子的笑话，是很有趣的。我来说给你们听：有一个"酒仙"最爱吃酒。有一天夜里，他想喝酒。跑到朋友家里，门已关了，他就敲门，要进去喝酒。朋友听见他敲门，不肯开，就出对子叫他对。结果难他不到，还是让他进来，请他大喝。下面就是很有趣味的对子：

（一）谁？——我。

（二）何往？——特来。

（三）老兄好？——小弟安。

（四）几时回府？——明日返舍。

（五）去，不敢屈留。——来，定要叨扰。

（六）灶下无灯无火。——厨中有菜有肴。

（七）为客贪杯，断非君子。——做东惜酒，亦是小人。

（八）夜已深，不可传杯弄盏。——天未明，真好行令猜拳。

（九）咚咚咚，当当当，三更三点。——来来来，斟斟斟，一口一杯。

这种做对子的玩意儿，是中国文字的特点，别国的文字玩不出来的。

我们再说到书馆里对对子的情形。对子虽然有点难对，到底用不到多少工夫。那么长长的半天怎样过去呢？我们就要游戏了。说来奇怪，游戏是现在小学的必修科，但是在私塾里是绝对禁止的。学生对对子的时候，先生大概是睡中觉的。所可恶者，先生不到寝室去睡而偏偏躺在书房里。因此我们小孩子就不能任意大声游玩了。我们虽然没有动的游戏，但是也可以做静的游戏。

五、游戏的情形

有两种游戏，我们最喜欢玩的：一种叫作"木偶戏"，一种叫作"斗船"。"木偶戏"是一个人自己做的。你们听见一定很奇怪，怎样一个人可以表演戏剧来呢？我来告诉你们吧。在两个大拇指上，画了两个不同的脸孔，譬如一个画孙行者，一个画二郎神，再在指头上戴上两顶纸帽子。画孙行者一只手的食指当做金箍棒，画二郎神一只手的食指当做方天戟。如此孙行者拿着金箍棒，二郎神提着方天戟，就在天空交起战来，口里还做出锣鼓声，好像做木偶戏一样。一刹间几十个木偶戏都表演起来了，你做二郎神捉拿孙猴子，我做"四郎探母"，他做"打鼓骂曹"。

有时正表演得出神的时候，先生醒了。我们就立刻把两只手放下，口里还乱喊乱道："子曰！子曰！""赵钱孙李，周吴郑王"。

记得有一个小孩子玩得太起劲了，没有看见先生醒来，还是两只手在空中乱舞，口里"咚咚咚、当当当"乱喊。先生轻轻地走到他的背后，提起戒尺，在他的头上"噗"的一声，说："你还要玩吗？"那个小孩子连忙把手放下，把身子乱摇，口里念道："学而时习之，不亦乐乎？"

先生听了，不禁旋转头颈，哑然而笑。小孩子：你们看到此地，恐怕也要大笑了。我想你们脑海中会起一种疑问，就是先生为什么不能公然大笑呢？私塾里的先生个个都要装腔作势，做出"圣人"模样。不准学生顽皮，不准学生游戏。笑笑说说都在禁止之内，所以先生自己必定要扳出一副严厉的样子。你们想想看，这不是可笑吗？

现在我来告诉你们"斗船"了，船是纸折成的，一只纸船有两个底，所以在桌上可以摆得很稳。我们各人先折好了许多纸船，斗的方法是很简单的：你拿出一只船来放在桌上，我也拿出一只船来放在桌上，两只船要头对头碰着的，你再把嘴巴对着你自己的一只船的船尾，我也把我的嘴巴照样对着。两军阵势这样摆好，就喊"一二三！"你吹着你自己的船，我吹着我自己的船，两只船就相斗了。你的船被我的船打翻了，你就算打输，再摆出一只船，再来斗。若两只船一起打翻，那把他们翻过来，摆好重斗。这斗来斗去，着实有趣呢！有时候我的抽屉里满满的都是"纸船"

了。若是被先生看见，还要遭一顿臭骂呢！

　　"木偶戏"、"斗船"是私塾里最有趣的游戏。"摇头摆身"是私塾里健身的运动，朗朗诵读是私塾里表情的歌唱。这都是我小时亲身玩过、做过、享受过的。

六、我所读的书

　　小孩子啊，现在你们要问我究竟读什么书呢？八岁的上半年，我在星泉先生的书馆里开笔的。下半年就在家里拜二哥做先生了。不料不到半年他就不教了，由他的同学王立贤先生来代替。立贤先生教了二年，二哥去世，家塾就停办了。我转入陈家道地的私塾读书，一直读到十四岁，这样算来，我拜了四位先生，换了三个私塾，读了六年死书。

　　书怎样会死的？你们一定要疑问。我所读的书除了一两本之外，可说都是活的，但是被先生教得没有生气了。最痛心的，就是被陈家私塾误了三年。这三年从十一岁到十四岁正是我的童年中最重要的读书时代，而那位先生是吃鸦片的。早上学生都到了，他老人家还在被窝里。上起书来，没精打彩，随便教教，书是绝对不讲的。结果，我虽然读了三年书，还不及你们在小学里读半年呢。而且读了，完全不明白书中的意思，好像是小和尚念经，随口乱念，一点也不懂。这种教育实在是害人呢！

我说我所读的书，原是活的，有价值的。今天我把这些书买来，再看看，觉得其中很有许多优点呢。我现在把他们依照读的次序写在下面：

（一）《百家姓》：这是中国人的姓字，四个一句编起来的，姓字虽然应当认识，可惜编得太无意义了。你要把五百个生字硬记牢，多么困难！

（二）《三字经》：这本书虽然有许多地方不合时代，但编得有相当的价值。劝儿童应当读书，教儿童一点普通知识，把一部中国历史简要地叙述了一下。可惜我当时年纪太小，读了不懂。最好到了十一二岁的时候，先生把他重新讲解一遍给我听。或者就在那时候教我读。

（三）《神童诗》：这本书是五十六首劝学、风景、花草五言诗编成的。韵文原是很合儿童的口吻，可惜封建的意味太重，英雄的思想太浓了。

关于劝学的如：

自小多才学，平生志气高。
别人怀宝剑，我有笔如刀。

关于风景的:

解落三秋叶,能开二月花。

过江千尺浪,入竹万竿斜。

关于桃花的:

人在艳阳中,桃花映面红。

年年二三月,底事笑春风。

这些诗成人读读也很有趣的。

(四)《千家诗》: 都是七言诗,其中有四句的,有八句的,长短有一百十七首。四十年前,这本书我能从头背到尾。今天把它再仔细看看,只有三首诗能背,四首诗看起来脑筋中还有点影子,其余完全不记得而无印象了。

(五)《唐诗三百首》

(六)《大学》

(七)《中庸》

(八)《论语》

(九)《孟子》

（十）《幼学琼林》

以上所读的一些书，先生都没有对我讲过，差不多等于白读。六年最宝费的光阴，除了认识三四千字之外，可说几乎完全付之东流。今日思之，唯有惋惜、感慨、痛恨而已。所幸者，身体健全，精神饱满，志趣高超，尚可补救于来日耳。

七、童年时代的人生观

我现在把我的童年做一个总结束。

（一）体育方面：先天充足，后天虽苦，尚培养得宜，所以童年十四年之间毫无疾病。身材虽短小，然很结实。我的身体，可说发育得很饱满，身躯是圆的，手臂两腿也是圆的。可惜没有人教我学拳，不然也可以打得很好呢！我虽不能打拳，但是会 1. "翻筋斗"；2. "打虎跳"；3. "竖蜻蜓"；4. "打翼子" 做燕子飞，就是把两臂伸开向左一转，两脚飞起，身子与地成平行；5. "麻雀走路"，就是蹲着用脚跟，一前一后地跳动；6. "两手走路"，把两脚朝上，头举起，两手行走；7. 游泳——能游几步路。

以上几种小技，都是我的拿手好戏。

（二）智育方面：读了十部书，大概认识了四千多块头字，书中的意思，可说茫然不知，块头字的意义也多半不了解。八股文章没有开过笔。一封信，一张字条也写得不通。这是到杭州读书之前的一点书本知识。

（三）德育方面：

1. 知道应当孝顺母亲。你们要问我怎样会孝顺母亲的，我来说给你们听听：

甲　母亲是最可爱没有了，她是非常爱我们小孩子的。

乙　二十四孝的故事也增加我的孝心不少。

丙　孟东野的《游子吟》也感动我很深的：

慈母手中线，游子身上衣；

临行密密缝，意恐迟迟归；

谁言寸草心，报得三春晖。

2. 兄弟应当友爱的，影响的来源如下：

甲　二哥给我的印象很深。

乙　曹丕要杀兄弟曹植，命他七步做成一首诗。这首诗，立贤先生讲给我听，叫我背熟的：

煮豆燃豆萁，豆在釜中泣；

本是同根生，相煎何太急！

丙　母亲常常训诫我们的：

三四兄弟一条心，遍地灰尘变黄金；
三四兄弟各条心，家有黄金化灰尘。

3. 对人要忠信

甲　孔子说："己所不欲，勿施于人。"

乙　曾子说："吾日三省吾身，为人谋而不忠乎？与朋友交而不信乎？"

4. 做事有四点：

甲　"吃亏就是便宜"，这是母亲常常对我们说的。母亲还说："讨人便宜，人便不高兴。"

乙　"和气生财"，母亲常常用我们祖宗的经验来证明这一点。

丙　做事应当"有始有终"，不要"虎头蛇尾"。

丁　要勤俭刻苦努力奋斗。这是从母亲学来的。

5. 待朋友要亲爱：

甲　在家靠父母，出门靠朋友！母亲常常叮嘱我们的。

乙　"人生不相见，动如参与商。今夕复何夕，共此灯烛光。"这是杜甫《赠卫八处士》诗的头四句。当初我读了这首诗，就有感觉到朋友之可贵。

6. 对于做人常以下面的格言自励：

甲　朱柏庐的格言："一粥一饭，当思来处不易；半丝半缕，恒念物力维艰。"

乙　"一失足成千古恨，再回头已百年身。"

二哥所遭的悲剧已深深地刺激我了。

7. 对于读书，受到下面格言的影响很深。

甲　吃得苦中苦，方为人上人。

乙　头悬梁，锥刺股。

丙　铁杵磨绣针，只要功夫深。

总起来说，童年时代的人生观，还不过是一种显亲扬名的人生观，一种个人主义的人生观。不过这种人生观是比较纯洁、天真而已。

第四章　中学时代

读得好，可以读上去；读得不好，就去学生意。

一、进蕙兰中学

亲爱的小孩子：

现在你们进中学读书，好像是一件平常的事情，是一条求学的"必经之路"。这，对于我呢？那是一件偶然的事情。但这件偶然的事情，也是我一生中最艰苦的奋斗时期。

我十四岁的时候，小姐出嫁杭州。姐夫陆锦川到百官来"过门"，看我忠厚和气，就叫我到外边去学生意。所以一过十五岁，就到杭州拱宸桥姐夫家里等机会。等了半年，没有好的生意可学，姐夫就决定送我到学堂里读书去，若以后读书不成，遇有相当生意，还可以送我去学生意。

我在这半年里，没有什么事值得纪念的，有一桩事回忆起来，倒有点味儿。什么事呢？就是我常常和爷爷（姐夫的父亲）着象棋。爷爷已经六十多岁了，我不过一个小孩子。我们两人，一有空闲，就下棋消遣。有时候，我的棋子着得太凶，他老人家连胡须都气得跷起来呢！这样我们一老一小，怡然自得，确是人生中一桩最快乐的事情。韶光易逝，爷爷早已物化！回忆当初，能不慨然！

是年八月下旬，由友人杨信一先生介绍入杭州蕙兰学校读书。学费膳费一共不过三十二元。但是这一笔费用不是容易来的。小哥正在报关行学生意，没有钱来培植我；姐夫也没有什么钱，可是他叫了我出来，就不得不想方法，筹划这笔学费，所以他就将自己的皮衣服及小姐的首饰，典质了三十五块钱，送我进学堂。临走的时候，姐夫对我说："读得好，可以读上去；读得不好，就去学生意。"

这是姐夫对我的警告，但也是我努力的机会。我在童年时代，已受过相当的刺激，已了解读书的重要，已知道二哥当年求学的失望。现在我的求学的机会到了，我便牢牢地抓住，死也不肯放松了。

一进学校，便发奋读书。哪一天进学校，我不记得了。不过进学校的情形，还是历历在目呢！那天从拱宸桥乘船到杭州淳佑桥，上岸进蕙兰，天已经晚了。同房间的有一个年纪较大的同学，姓章名叫庆祺，交谈之下，知道他已经读过一点英文而且知道读音方法。他对我说："学英文非先学发音不可。知道英文字要怎样读的，就自己可以学习而不必一定要靠教师呢。不然每一个英文生字，非要教师教你不可。"

我说："什么叫作'划音'？"

他说："譬如'A'字，有许多读法，A 字上加一短划，读作'压'，像 căt, hăt。A 字上加两点，读作'矮'，像 ärm, ärt。A 字下面加两点，读作'奥'，像ạll, fạll。"

他继续说道："英文中有五个母音，a、e、i、o、u，两个半母音 Y、W；十九个子音。母音有好多种读法，子音除少数外，都只一种读法。母音同少数子音都有一定划音符号，知道了划音符号，就知道英文应当怎样读的了。"

我听了，非常快乐，那天晚上，我就把洋蜡烛拿出来大家用，把茶食拿出来请他吃。过了不久，他把英文划音法完全教我了。后来我知道这种划音法就是 Daniel Webster 英文字典作者所创造的。我得了这种划音知识，好像得着一把锁钥。英文生字，一查字典，就可读得出来，不必像别的同学，字字要问教师呢。

二、蕙兰的功课

我在蕙兰里，究竟读什么书呢？我来告诉你们吧！你们晓得我在私塾里读了六年死书，只会"死背"而不知讲解。进了蕙兰，就要读中学程度的书，幸而那时中学的课程尚未规定，蕙兰虽是一种旧制中学，但一年级的程度实在是很低，我从一年级开始，英文从 abc 二十六个字母读起，那时读的课本是：英文初阶，什么 ba 培，bi 败，bo 婆，be 皮，读得很起劲。教英文的是祝德泉先生，他的口齿很伶俐，说话很滑稽，英文程度很不差。我得着这样一个英文先生真是幸运得很。

算术，在私塾里没有学过，所以要像小学生从一加一学起。国文并不深，读什么书，我不能记得了，大概四书、古文、东莱博议这一类书。这时读书的方法和从前在私塾里不同了，这时的先生讲解了。

蕙兰里修身、圣经，是很注重的。体操一科，也比别校教得严。史地方面，有中国历史、外国历史、中国地理、外国地理等。科学方面，有动物学、植物学、生理学、物理、化学等。算学方面，有代数、三角、几何。五年旧制中学的课程，我在四年半内读完了。那时我已经十九岁了。

小孩子啊，你们不要以为我中学毕业的年纪太大呢。你们想想看，我的六年私塾功课差不多等于零。旧制小学课程原定七年，旧制中学课程原定五年，我能于四年半内把小学课程跳过不读，把中学课程读完，这不是很努力的吗！

三、鸡鸣读书

你们一定要问我，怎么读得这样快呢？书是怎样读的？说起来也很有趣呢？

古人鸡鸣起舞，我是鸡鸣读书。每天清晨，天未明就起身，春秋天气温和，大约五点起身。冬天天气寒冷，五点半才起身。夏天天明很早，四点半就起来，起身后，就洗脸大便。

洗脸总是用冷水洗的。为什么用冷水呢？第一因为没有热水，第二因为冷水可以刺激神经。就是在下雪的时候，也是用冷水洗脸的。古时勾践卧薪尝胆以自励，我就以冷水洗脸来警惕我自己呢！

清早大便，是使我一生享受健康最重要的卫生习惯。这个习惯是从小就养成的，到今天还是牢不可破呢。我们人生疾病，恐怕十分之四五是由结便积食而来的。小孩子的毛病恐怕十分之六七都是由吃坏而不消化，由积食而结便所致的。一鸣从小就养成了清早大便的好习惯。从这个好习惯，他一生就享受不尽了。我愿你们个个像我一样，像一鸣一样，得着这种无上的幸福。

现在我们回过头来，再说我的早起习惯。你们要问我，起了这样早，到底有什么用处呢？古人说：

"一年之计在于春，一日之计在于晨。"

清晨起来，脑筋清楚，读起书来，就容易了解，容易记忆。况且起得早的比起得晚的要多出许多时间呢。母亲常常对我说："三日起早比一工"。这是千真万确的。我进学校，年龄已比较大了。要追上去，只有逐日多读几点钟书。

我的早起是全校出名的。在蕙兰一百四五十位同学之中，每天起得最早的要算是我了。我这样的早起，天天如此，月月如此，年年如此，在蕙兰是如此，后来在圣约翰是如此，在清华也是如此。前后共有八年之久，可说天天如此早起的。

你们也许会说"起早"是很容易的。我来告诉你们吧，若非有坚决的意志，早起是很困难的。冬天的时候，天气多么寒冷，被窝多么温暖。一听见鸡鸣就要惊醒，天未黎明，就要爬出温暖的被窝，穿上冰冷的衣服，如果没有抵抗寒冷的精神，身体就会冻得栗栗发抖，上下牙齿就要敲得响起来。当我起身时候，全校同学还在做他们的甜梦呢。

有时候，鸡已啼了，我实在不愿意起床。但是我一想到"卧薪尝胆"，一想到"吃得苦中苦，方为人上人"，一想到"苦其心志，劳其筋骨，饿其体肤"，那就咬一咬牙齿，从被窝里跳出来了。

这种早起的习惯，对于我有两种好处：光阴最容易虚度的。

我因为要争取时间，把每天最甜蜜的晨光从好梦中抢过来，作为读书的机会，所以对于光阴是非常宝贵爱惜的。一天到晚，我绝对不肯虚度一刻光阴的。每天从上午五点或五点半起一直要读到晚上九点钟睡觉为止。有时候，头脑涨了，眼睛酸了，就停下来到操场上走一走，散一散心。这样说来，每天总要读到十二三个钟点的书。

早起的习惯，还有一种好处，就是意志力的加强，自信心的加深。凡是人总是贪安逸，图舒服的。身体上的欲望，常常克服心内的意志与自信。（我能吃苦不贪安逸，不怕艰难；以坚强的意志，深厚的自信，战胜一切身体的欲望。这种意志力，这种自信心，对于我的一生做人是有很大帮助的。）

有一年，书读得太多了，头脑读得昏昏沉沉了。平时，一天之中偶然也许有点脑涨。那一年头脑涨痛，差不多有一两个月光景。那时我很担忧，恐怕不能继续读书。幸而休息了几星期之后，精神就复原了。

小孩子，你们也许要问我，为什么原故我的眼睛没有变近视，背没有成驼背呢？我来告诉你们吧，虽然我整天地手不释卷，但是我知道怎样保护眼睛，怎样保护身体；黄昏的时候，光线不充足，我就到草地上走走，温温旧书或记记生字。我看起书来，也不是整日整夜盯着眼睛，一停也不停的，我看了一息，就抬起头来，往外望一望，或是闭起眼睛来默思一下，或是站起来在房间里走一走，这样一来，眼睛的疲劳就容易恢复了。

至于背呢，那我也是很当心的。我国读书的人，十之八九，有点驼背的。这是因为他们不注意坐立的姿势，桌椅的高低，和户外的运动，我能注意到这种地方，所以我的背脊，到现在还是笔直的。有人还说，我的姿势是标准的呢。

四、读书的方法

现在我要说说读书的方法了。我先来说学英文吧。英文划音法由章君教我的，我在上面已经说过。英文生字实在是难记得很。那时候只知道"死记"，不会"活用"。每天一早起来，我就温习英文"生字"，温习的方法，倒有一点价值。我先把生字抄在一本簿子上，生字后面总是注着解释的。当初注解是用中文的，后来英文程度高一点，就用英文注了，我就拿了这本生字簿，跑到操场上大念而特念。什么 Bat B-a-t, Bat, Cat C-a-t, Cat. 什么 Pencil Pen-cil Pencil, Butterfly Butterfly 像小和尚念经，尽管独自念着。

小孩子：你们要注意我读的方法，英文字的读法是有一定的，不能随便乱读的，我们先说 Bat 这一个字。你要先说（一）Bat；（二）再分说 b,a,t；（三）再合起来 Bat。若删掉第一步，那就错了。这是什么原因呢？原因是很简单的。你所要知道的是 Bat 这个字是怎样拼的，不是 b,a,t 三个字母拼起来的 Bat。所以照我的三段读法，教师一问你 Bat 怎样拼的，你就会不期然而然的说 b,a,t 了。没有一个教师会问你"b,a,t 三个字母拼起来变成什么字呢？"这是英文单音字（Single-syllable word）的拼法，复音字（Compound-syllable word）的拼法也是有一定的，我们就用 pencil 这个复音字做例子。你要（一）先整个地说 pencil；（二）再分开来说 pen,cil；（三）再合起来说 pencil。分开来说的时候，你不要把六个字母一个一个地读出来，你只要把它分成两个单音字读，就是 pen 和 cil。我再举一个例子：比如拼 butterfly 这个字，你应当把它分做三个单音字，就是（一）But；（二）ter；（三）fly。你若把它分做九个字母，那就拼错了。或者把它分成 Bu-tter-fly 也是拼错的。这种单音拼法，我是在蕙兰时已经学过的，所以对于英文拼字我还能应付裕如呢。

但是"死记"是没有用处的。我常常读字典，把一本 Webster 的英文小字典里所不认识的生字硬硬地记牢。实际上，字的意义不甚了了。结果是容易忘记，反而误解。这种冤枉的功夫，我不知道白白地花掉多少呢。

对于中文，我也是死读硬记的。《古文观止》我最喜欢读。我自己看的篇数，比教师在教室里讲的来得多。什么《易经》、《礼记》、《庄子》、《荀子》也看了一点，但都是生吞活剥，一知半解，没有得到多大益处的。

那时候，对于连词成语，最感兴趣。把书中所有的或报上看到的新颖词句，如"侥幸"、"饮水思源"、"掩耳盗铃"、"成竹在胸"、"唇亡齿寒"、"临渴掘井"、"事半功倍"、"功亏一篑"等，就摘录在一本簿子上。早晚温书的时候，就把簿子拿出来自言自语地乱念。这种认字识句的方法，虽然有点太呆板太机械，但是对于我的国文知识，却很有帮助的。

五、我的读书成绩

蕙兰的成绩考查法是值得叙述的。每天上课的时候，先生总要把昨天所上的功课温习一遍。每星期六上午不上新的功课，只把一星期五天内所上的功课考查一下，作为小考。每月底把一月内四星期的功课考查一下，作为月考。一学期结束一下，作为大考。一年的功课总考查一下，作为年考，年考成绩的优劣，就决定班级的升降，这是当初蕙兰考查成绩的办法。

蕙兰还有一种特别的劝学方法。蕙兰是一个教会学校，宗教色彩非常浓厚。每天早上十一点半钟，我们要做"礼拜"的。礼堂的座位是依照每学期大考的成绩编排的。全校成绩第一名坐在第一排的末座，第二名坐在第二排的末座。这些"末座"，其实都是"荣誉座"。每天做礼拜的时候，全体师生都到礼堂里来。教师坐在讲台上，学生坐在规定的座位上。教务主任管理点名的事情，他点到"第一排"，那成绩第一名的学生，就报告第一排中不到的同学。他点到"第二排"，那成绩第二名的学生，就报告第二排中不到的同学。这种点名的方法，确是很经济的。大约二分钟功夫，就可把一百四五十个学生的出席问题解决了。每天有了这样的一次点名，其余各班上课时就可节省时间，不再点名了。这方法不但可以节省时间，而且给学生一种很大的鼓励，全校学生个个都想坐荣誉座。

说到这里，我来告诉你们，我坐在什么地方的。在前面我已说过，我在学校如果"读得好，可以读上去；读得不好，就去学生意。"第一学期我的成绩列在全校十名之内。所以第二学期，我就坐在荣誉座了。第二学期我的成绩记得列在全校第四名，有一学期我居然坐在第一排荣誉座了。

六、记录格言

读书最怕没有恒心。有的学生开始是很勤勉的，到后来就不能刻苦用功了。我用一种自励的方法，来维持苦学的恒心，来刺激向上的精神。是什么方法呢？就是古人用的"座右铭"。我把好的格言，一句一句地记录在纸条上，再把纸条一条一条地挂在墙壁上。不但如此，我常常把这些格言当做歌儿唱。一遇困难就会想到一句格言，格言对于我人格的发展是很有影响的。下面的格言是我在中学时代最喜欢奉行的：

卧薪尝胆。

己所不欲，勿施于人。

四海之内，皆兄弟也。

百折不挠。

有志者事竟成。

非以役人，乃役于人。

鞠躬尽瘁，死而后已。

人一能之，己十之；人十能之，己百之。

爱人人爱，敬人人敬。

寸阴是惜。

十目所视，十手所指。

岁寒然后知松柏之后凋。

不耻下问。

富贵不能淫，贫贱不能移，威武不能屈。

近朱者赤，近墨者黑。

满招损，谦受益。

七、中学时代的人生观

我的人生观在这个时期和从前大不同了。从前我只知道显亲扬名，谋个人的福利。现在我有点像耶稣那种爱人的热诚，牺牲的精神。从前是为己的，现在是为人了，我曾经在受浸礼做基督徒的那一天，就是在惠兰的第三年，把我的身体献给耶稣。我承认耶稣是我的救主，我承认耶稣是我的模范。从那时候起，我的人生观完全改变了。别人把"小我"变成"大我"，而我把"小我"竟变成"无我"了。那时我就以"无我"二字作我的隐名。

在这个时代，我立誓不嫖、不赌、不吸烟、不喝酒。这个誓愿到今天没有违反过，不过近两年，对于酒的态度，不若从前的严格，偶然在宴会之中，我也喝一两杯呢。

对于上面所说的四"不"，我素来严格而极端遵守的。一个人结婚，依照旧俗，总要设筵宴客，吃喜酒。新郎、新娘应当向来宾敬酒。我结婚的时候，虽照旧俗设宴招待亲友，但对于敬酒这一层，我是没有做到。亲友敬我一杯，我也不肯回敬。这是什么缘故呢？我已经立过誓，不愿把它违反。我宁愿得罪人而不愿抛弃我的主义。这种四"不"主义，三十年如一日呢。

末了，有一位先生我是终身不忘记的。就是我的校长甘惠德先生（Mr.W. S. Sweet），他是一位基督徒，他相信耶稣，他不怕艰苦，离家乡，渡重洋，到中国来传道。一天到晚，教导我们，爱护我们。礼拜天讲道总是他自己讲的。他讲起道来，总是非常诚恳，非常沉痛，而且他自己总要流泪的。我呢，也暗暗地把眼泪揩揩。这样我的人格就潜移默化，发荣滋长了。

第五章　大学时代

要济世救人，非有学问不可；要有学问，非读书不可。

一、在圣约翰大学

十九岁那一年（宣统二年），我居然在蕙兰毕业了。母亲姐夫、小哥都很快乐。

中学虽毕业了，但是毕业后怎么办呢？再去学生意吗？年龄太大了，一个中学毕业生再去学生意，那似乎有点不上算。去求职业吧！一个中学毕业生也不能得到相当的职业。邮局、海关虽可去考，但我的志向不在赚钱谋生。我虽然没有意思去做传道的工作，但是立志要做济世救人的事业。那种显亲扬名的狭窄观念，在那时，已经抛弃到九霄云外了，究竟怎样去济世救人呢？那毫无具体的计划，只晓得要济世要救人，非有学问不可；要有学问，非读书不可。

我把这个意思告诉小哥，小哥待我很好的。他与佛兰格林的哥刚刚相反。我从蕙兰读书起（第一学期除外）一直到清华毕业止，所付的学费，所花的零用，所穿的衣服，所读的书籍，一切的一切，都是由他供给的。没有他，当然没有我。没有当初，当然没有今日。

小哥听了我要上进求学，就满口答应。那时候，有两个大学可进去。一个是上海"浸礼会大学"，就是现今的沪江大学；一个是"梵王渡大学"，就是圣约翰大学。那时"圣约翰"还没有"梵王渡"来得出名。照理，蕙兰既是浸礼会办的学校，蕙兰毕业生应当进浸礼会大学，但是那时圣约翰是全国最著名的大学。姐夫慕它的名，就怂恿我到那里去读书。所以 20 岁的上半年就进上海圣约翰去了。

到了一个新的环境，不免有许多困难和感想。

什么困难呢？环境是新的，什么都不方便，教师是生的，读书摸不着头脑。同学不相熟的，无从去切磋。可是我的人缘素来是很好的，随便到那里，总是受人家的欢迎。所以到校不久，同学慢慢儿相识了，朋友渐渐地多了。那时有一个同班同学名叫沈子高与我最相得。他比我小三四岁，但是很聪明。他又是一个老学生，所以常常指导我，帮助我的。

在蕙兰的时候，我也有一个莫逆交，他叫钱财宝。比我也小三四岁，可惜钱君在青年时就夭折了。沈君最近还在西北堂圣公会主教，做宣道救人的神圣工作。

我感觉得最困难的就是功课。在蕙兰，同的课本除英文科之外，都是用中文的。现在到了圣约翰，所用的课本除国文外，都是用英文的。理化、算学、历史都用英文原本。这一变，变得太厉害了。幸而蕙兰的英文程度还可以，英文原本勉强可以读得下去。

但感觉得困难的，就是我所学的功课，都是第二学期的课本，第一学期的我没有读。这是什么缘故呢？圣约翰始业的时期是从秋季起，不是像蕙兰是春季始业的。当年我进蕙兰是插入一年的下学期。现在进约翰也是插入一年的下学期。中学一年级上学期的功课，我虽然没有读过，但勉强还能自己补学的。大学一年级上学期的功课倒很难自己修读了。

我是不怕难的，我要读读看。当初进来的时候，卜芳济校长看看我的蕙兰的成绩还不错，就叫我在一年级下学试读二星期。若读得不好，再退到中等科去。

小孩子，你们还记得我姐夫的警告吗？当年我进蕙兰的时候，他对我说：

"你读得好，读上去；读得不好，去学生意。"

他说得很痛快，直截了当。我听得提心吊胆，毛发悚然。

现在卜校长也来一个警告。我心里想道，姐夫的警告竟变成了一个猛烈的刺激，使我不但读得好，而且读得很好。卜校长的警告也就是一个刺激罢了。我也硬着头皮，拼着命去死读。全校五六百个学生中每天起得最早的总是算我了。功课上虽考不着第一，起早的头名没有人敢来抢的。

二星期的试读过了。卜校长准我读上去，别的功课我都勉强应付。有一门功课倒苦死我了。什么功课呢？就是"拉丁文"。拉丁字母也没有学过，先生还要我读拉丁书的下半本呢。况且拉丁文比英文难得多。所以我一方面，要补读上半本，一方面赶读下半本。这位教拉丁文先生又来得凶，他的名字叫 Barton（巴尔登），他的"声音怒貌"，到今天还是在我的脑筋中呢！他看见我回答不出，总是突着眼睛，伸着手指严厉地说道："Come on！ Come on！"意思就是"快点说出来！快点说出来！"但是巴尔登待我还算好的。他知道我没有读过上半本，常常叫我到他的房间里去补习。这样，一年拉丁文的功课要我半年读完。我实在读得苦死了。我在本国、在美国先后读了二十来年的书，感觉到最难读而最无味的，莫过于拉丁文了。学期完了，考试过了。成绩报告寄到家里。我拆开来一看。功课门门都及格，只有拉丁文考了五十九分。到了下学期，拉丁文还是要补考的，运气得很，是年暑假我考取了清华，就不必再到圣约翰去补考拉丁文了。

这些都是我在圣约翰所受的困难。现在我要说说我的感想了。卜校长惨淡经营，苦心孤诣数十年如一日，把梵王渡一个小学校变为一个国内著名的大学，五十余年来，桃李满中国。现今在外交界、政界、商界、学界服务的不知有多少。卜校长贡献于我新中国者非常宏大。卜校长不仅介绍西洋文化，而且特别注重在人格教育，宣扬圣道。礼拜日讲道，总是他老人家自讲的。苦口婆心，劝人从善，仁爱牺牲，以身作则。一个外国人能够如此，我们岂不应该更加如此吗？这是我当初对于卜校长的景仰，从景仰中所发生的一种感想。

这是一种好的感想。但是在我脑筋深刻着的，还有一种不良的印象。那时候，一般学生总不注重中文，学校更对不起中文先生。外国教员的待遇比教西文的中国教员好，教西文的中国教员的待遇比教国文的中国教员来得好。所住的房子，所领的薪金，都有这三种等级。国文教员住的房子是又旧又小的中国房子，外国教员住的是又新又大的洋楼。相形见绌，触景生感。最痛心者一般洋行买办的纨绔子弟，出入包车汽车，对于国文一点不注意，对于国文教员一点都没有礼貌。上国文课的时候，大部分的学生不是预备西文功课，就是看小说。国文教员靠着桌，低着头，看着书，独自摇头摆尾地讲解而不敢抬起头看一看教室内的情景的。

卜校长有时要来视察的，学生一看见卜校长来了，连忙把西文书、小说书放进抽屉里，假惺惺地把国文书摊开来，当做阅读的样子。这种怕外国人而欺侮中国教师的奴隶心理，我今日思之犹愤愤不平呢！

有一天，上国文课前，有几个顽皮的学生串同作弄某一位国文教员。这位国教员讲书的时候，总是把两只手臂靠在桌子上的，桌子是刚刚放在讲台边上。若往前一摆动，就会跌倒地板上去的。那几个顽皮的学生，就在桌子的三只脚下都放了一块石头，把一只脚悬空吊起。上课钟打了，国文教员拿了课本，挟了课卷，走进教室，踏上讲台，提起两臂，向桌上一靠，"扑通"一声，桌子从台上往前扑倒在地板上了。还算好的，某教员没有踢倒。但已满面通红了，而一班顽皮的学生特意低着头，假作看书，一声不响呢！

二、转学清华学校

宣统三年六月里，小哥看报，看见清华学校招考。初试由各省提学使主持，复试由学部尚书主持。凡年龄在十五岁至十八岁者均得投报。我的年龄实足已十九岁了。小哥当时叫我去试试看。我因为不肯说谎，不愿意去投考。后经小哥及几位蕙兰老同学的怂恿，才去报名，把年龄少报一岁。那时投考报名的一共有二十三个"大人"。监考的是浙江巡抚增韫，主考的是提学使袁某。考的科目是国、英、算。二十三人中取了十名。运气得很，我居然列在倒数第二呢！

过了几天我们十个人就被保送到北平去参加复试了。每人还得着旅费二十元。

到了京城，我由蕙兰同学杨炳勋、姚天造二人的介绍，住在仁和会馆里。考试分两场，头场有国文、英文、算学；二场有史地、科学。若头场不及格，第二场就不得参加。这次考的人不是二三十人了，有从各省保送的，也有直接在京里报名的。一起共有一千多人。考场里济济一堂，着实可观呢！

这两场考试，一共有一星期的工夫。每天，天还没有亮，我们就要出发去考了。到了考场里，我看见考试官周自齐戴了大红顶子，穿了缎子马褂，端端正正坐在上面，一本投报的名册摆在桌子旁边。唱名的把名字一个一个地唱出来，他老人家就用大红银珠笔在名册上一个一个地点着。名点好，就各按座位坐下受试。一场共取了一百六十名，我列在第八十二名。第二场共取一百名，我取在第四十二名。考取之后，必须由同乡官做保。承姚天造兄的厚爱和介绍，请到范烟泰先生来做我的保证人。到了清华，我被排在高等科一年级。那时清华还没有改大学，不过是一个

junior college，等于大学三年的程度，所以我就在清华读了三年。这三年书总算不是白读的。我得着了不少有用的知识，认识了许多知己的朋友，还获得了一点服务社会的经验，立下了爱国爱人的坚强基础。

我的清华时代，好像万象更新的新年，好像朝气蓬勃的春天。我的希望，非常远大。我的前途，非常光明。我的精神，非常饱满。我的勇气，非常旺盛。我的自信，非常坚强。我的自期，非常宏远。那时做人真觉得有无穷愉快。

清华学校原是一个某王公的花园。有荷花池，有假山，有溶溶的清流，有空旷的操场，有四季不断的花草，有崭新巍峨的校舍。环境之美无以复加。学校监督是唐开森先生，他是一个基督徒，待人非常恳挚，办事非常热心，视学生如子弟，看同事如朋友。可惜做了不久，他就得病去世了，我们都觉得很悲痛，好像失掉了一个可爱的慈母。

我进校还不过一个月，政府下了一道命令，说孔子圣诞日全校师生，西籍教员除外，一律须去致祭，向孔子牌位行跪拜礼。听说政府还要派大员来监祭。那时我们一般从教会学校来的信教学生，觉得非常惶恐，就去请示唐先生。唐先生比我们还要担忧。学生不去祭孔，也还可以原谅。他做监督的怎么可以不去祭呢？我们讨论之后，决定不去参加。到了祭孔日，不知唐先生到哪里去了，我们是没有参加。

读了不到两个月书，武昌起义了。学校发遣散费，每人送路费二十元。那时全校学生都开始离校南返，我还是独自文绉绉地在房间里读书，不愿离开！幸而同乡杨炳勋促我一同南返，但是我们逃得太迟了，我们从北平乘车到天津，在天津乘太古邮船南下。船上的房间不论大菜间、官舱、房舱、通舱统统卖光了。我们就买货舱票，睡在货舱里一口棺材旁边。其实货舱也是拥挤得不堪，连走路的地方也都没有了。这是我一生中第一次的逃难，恐怕也是我逃难中最难逃的一次。

我回到杭州，就把"相依为命"二十年之久的一条辫子，由母亲亲自剪掉了。这条辫子是母亲赐给我的，是母亲每天早晨替我梳打的，现在我奉还给她。她老人家把它好好儿保存着。

辫子剪了以后，我又回到圣约翰去读书。第二年清帝退位，民国成立，清华登报开学，我又北上去读书了。

三、清华的师长

我在清华读理科。教物理的是伍尔德（Wald）先生，他教起书来最详细、最清楚，他的实验功课也最有趣，但是他非常认真，没有一个学生敢撒烂污的。

　　孟龙（Malone）先生教我们西洋史。他是一个漂亮的美少年，他有空的时候，常常到圆明园去研究残碑断柱。听说他后来回国再到大学读博士学位，就以圆明园为研究的对象呢。当时他教历史时，他总是叫我们死记历史事实与重要日期。他对我非常要好，常常招我到他家里去玩。

　　有女士辟盖脱（Pickkett）两姐妹，姐姐教我们美国史，妹妹教我们德文。他们都是二十来岁的年轻姑娘，比我虽然大一点，比起同学中年龄较大的学生来，那只可以称小妹妹呢。但是他们既然做我们的老师，那不得不勉强装出一副老师的脸孔来。其实美国女子大概是天真烂漫，非常活泼的，现今在中国这种守旧的环境里面，这两位女子一定会感觉到非常拘束呢！

　　司密斯（Smith）先生是一位四十来岁还未娶亲的男先生，当时还有一个四十余岁还未出嫁的老姑娘施带尔（Starr）女士。司密斯先生教我们英文文学。施带尔女士是美术教师。她对于宗教非常热心。看待一般年青的学生真是像自己的子弟一样。她教我们绘画，她教我们读圣经，她教我们做人。我们清华同学受她感化的不知有多少呢！像这种教师实在是难得！

　　舒美克（Shoemaker）先生教我们体育。他是一个很好的体育教师。每天早晨我们全体学生做团体集合操。有时候，他叫我领操的。

鲍尔特（Dr. Bald）先生是我们的校医。他的手术不能算差。听说现在美国做某医院的院长了。鲍师母虽然没有教书，但是和学生非常之好。她也是一个很热心的基督徒，她常常讲道给我们听的。

别丽司（Breece）先生也是一位四十余岁，还未娶亲的老先生，他教高年级的英文。他也是一个很热心的基督徒。

韬美极（Telmage）女士是我们的英文先生。十余位美国教师之中，她要算最热心、最严谨的了。她是一位沉默寡言的女子。在教室里，她从来不笑的。她的眼睛是大的。同学中若有回答不出的，她总是要突着眼睛看他的。那时候，她正教我们狄更斯（Dinckens）写的《双城记》。其中有一个女革命家，叫作 Madam de Vague 雄赳赳地领导群众去攻打牢狱。同学中就将这个女革命家的名字加在 Talmage 女士头上。这种侮辱，我是极端反对的。她是一位很诚恳、很严厉的优良教师呢。

教我们算学的是海痕司（Heines）先生。他是非常和气，满面总是堆着微笑，说话很轻，举止很文雅，学问很好。我们做不出算题，他也不会发脾气骂人的。

最受我们欢迎的要算那位音乐教师了，她的名字叫西莱（Seely）。西莱女士很有点像旧式的中国女子，举止温重，谈吐风雅，待我年青的学生犹如她的小弟弟，她教我们唱歌，她教我们做人。后来我在纽约读书时，特地去拜访她。她嫁给华烈司（Wallace）博士，他是一位经济学家，六年前政府将请他到中国来研究中国的经济制度。西莱女士是同来的。她同华氏博士曾到我们家里吃过一餐饭，她也曾经把我们的全家小孩子在上海兆丰公园里照过一张活动电影片子，不久以前我看见报上一个噩耗，说她已经香消玉殒了。我一回想当初，不觉唏嘘不止。

张伯苓先生曾经做过我们的教务长。他的声音像洪钟，说起话来非常动人。他的体魄魁梧，望之令人油然起敬。他虽然在清华不久，但他的伟大人格，已深深地印入我们的脑筋中了。

我们全体学生所最爱戴的，那要推周诒春校长了。周校长办事认真，毫不敷衍。校规不订则已，一订了我们非遵守不可。他常常对我们说："我不要你们怕我，我要你们怕法律。你们读书，总要研究得透彻，不要马马虎虎，一知半解。你们做事，总要实事求是，脚踏实地。要从小做到大，从低升到高。若是脚没有着实而攀得高高的，那一跌下来，就要跌死的。"周校长处处能以身作则。他不爱名，也不贪利。说起话来总是诚诚恳恳、切切实实。清华校长换了好几位而养成清华纯洁学风的，就是周校长。凡是在清华读过书的，没有一个不爱戴他。他真是我们的良导师呢！

从上看来，清华的师长不但顾到学生学业的增进而且能注意到学生人格的培养。周校长一方面以身作则做我们的模范，一方面常常对我们训话，做我们的晨钟暮鼓。所请的美国教师还要在礼拜天不避劳瘁，开圣经班，教我们怎样求学做人，怎样处世接物。清华学生可称"品学兼优"了，不知现今在国内各界服务的清华学生受之或有愧色否？

四、课外活动

课外活动，周校长是非常热心提倡的。他素来不主张我们读死书。所以我们的课外活动就蓬蓬勃勃油然发生了。什么辩论会，演说比赛，什么足球比赛，篮球比赛，什么化装表演，什么音乐会，像雨后春笋般产生了。我们毕业的时候，还表演一出《威尼斯商人》。陈廷锡做波西娅（Portia）做得顶像呢！

清华同学对于宗教着实有点兴趣。我们几十个基督徒一进学校，就得着唐监督的许可，星期日在美国教师的会客厅里开始做礼拜。同时请许多美国教师组织读经班，研究《圣经》。

第二年我们几个人创办学校青年会。王正序做会长，我做干事。我们一方面互相砥砺，以身作则来领导同学，皈依真道；一方面实行社会服务，提倡教育，以证明耶稣之博爱精神。

　　我自动地在这年做了两桩很有意义的工作：一桩是在校内开了一班"校役补习夜校"；一桩是在城府办了一个"义务小学"。清华学校青年会是在中国国立学校内第一个青年会，校役补习夜校恐怕是中国学校内第一个校役补习学校。城府的义务小学，恐怕也是中国国立学校学生所创办的第一个义务学校。这两个学校都是我一手创办的，两校的校长也是我一个人兼的。教书我一个人来不及，就请许多同学帮忙。校役夜校有三四十人上课。城府小学也有几十个儿童，在我正要离校赴美之前，一个夜校的学生，就是学校理发匠对我说："陈先生，你要离开我们了，我们觉得很难过，你待我们实在好，我们不能忘记你。你可否赐给我们一张照相，我可以把它挂在墙壁上做纪念。以后别的先生看见这张相，我可以告诉他们说：'这就是当初教我们读书的陈先生。'"我听了非常感动。一个理发司务读了一点书，听了几次讲，就能说出这样有意思的话来。我就满口答应道："好的！好的！等一下我送过来。"

　　他就拿出一把旧式的剃头刀送给我，说道："这把刀剃起胡子来比外国刀来得快，每次你用它的时候，也可以想到我们呢！"我得了这样一个纪念品，比一个奖章，还要来得宝贵。后来我把我的照相送给他，他把照相挂在理发室里的墙壁上，一直挂到他离开清华。数年之后，清华同学一看见我，就能认识我是陈某呢！

这可见那理发匠之忠于信守，勤于宣传了。

　　说到义务小学，我也着实感觉得愉快的。"七七"前一天，中华儿童教育社在清华举行第七届年会，我系该会创办人兼理事长，同了几百位社员从南方赶到那里，我就乘此机会探听探听当初我所创办的一个义务小学的情形。据该校校长说："这个义小现在有好的校舍。学生有几百，经费由清华教职员供给的。"我听了非常高兴，二十三年前首创的一个义小，居然能发荣滋长，成为一个有规模、有基础的正式小学，当年一点心血确实没有白花呢！最奇怪的，就是在清华开会的时期，我到饭厅里去吃饭，一个厨房老司务看见我非常高兴，他问道："你是陈先生吗？"二十三年后，他还能记得呢！

　　我在清华读书的时候，还做了两桩有意义的事情：一是组织一个同志会；一是办了一张报纸。同志会的名字叫做"仁友"，就是取"以文会友，以友辅仁"的意思。宗旨非常纯正，不外切磋学问，砥砺品行，联络感情，互相协助。当时的发起人都是几个天真烂漫的小孩子。陆梅僧、姚永励、李权时、张道宏、李达、汪心渠同我几个人要算重要分子。我们常常在一起讨论学问，规劝过失。我们还油印一张小报以资鼓励。这个小小团体保持了好几年工夫。现在回想起来，觉得这种团体于个人、于学校都有极好的影响。富兰克林当年就有类似的组织，来切磋学问，改良社会呢。

在民国三年我毕业的那一年，学校当局要办一种刊物，授意同学组织一个编辑委员会，从事一种周刊编辑。编辑是哪一位主持的，我已忘记了，我担任经理职务，关于出版发行事宜都是我负责的。一学期之后，学校当局看我经理得还不错，就送我一块金质五角宝星奖章。这是我第一次办事的经验，也是我第一次得到别人的鼓励。

关于我的体育，我有一种很奇怪的思想，当初我想做一个伟人。但是我又想伟人非要有"魁梧奇伟"的体格不可。我很矮，不过五尺三寸长，从古人的眼看来，我不过一个五尺童子罢了（英尺五尺三寸还不及中国尺五），绝对没有做伟人的资格，因此颇郁郁不乐。后来读到法国革命史，先生说，拿破仑雄才大略，而身躯很短"好像一个矮子"。我问先生：他究竟有多高呢？"五尺五寸"。我听了，非常快乐。我想假使我穿一双后跟二寸高的皮鞋，我不是同拿破仑一样高吗？所以我就穿"高跟皮鞋"做"伟人"了。这种错误的观念，你们想想看不是很好笑吗？

对于体育，我还有一种奇特的思想。当时清华的同学从圣约翰来的很多，圣约翰的体育是国内最著名的，潘文辉、潘文炳、杨经魁等都是约翰的健将，现在都到清华来了。我是很好胜的。

智育方面，我可以死读书同他们比一比。德育方面，我可以自励、自修，也有方法可想。体育方面，我倒没有办法了！跑也跑不快，跳也跳不远。什么球类比赛，什么田径比赛，我都比不上他们。那怎么办呢？

有了，有了，球类、田径虽然比不上人。但是力气筋骨也许可以同人比一比呢。我就天天练习力气，练习筋骨。练习到了一年以后，体育先生举行全校学生体力测验。测验都有一定器具，有握力表测验握力，有量力表测验腿力、背力。又有表测验臂力，另外还有测验手臂的举力和攀力。这一次有七八项力气比赛。全校几百个同学中我的体力总分数居然列在第二。第二年又全体比赛，我考第一。连潘氏兄弟也只得"甘拜下风"了。

五、大学时代的人生观

在清华读书感动我最深的，有三本书：

（一）约翰·班扬（John Bunyan）的《天路历程》（Pilgrm's Progress）。这本书是约翰·班扬在监狱里写的。他是一个宗教革命家，反抗当时英国旧教的专制与腐化。他主张：

1. 信教自由。

2. 得救须重生，重生须受浸礼。

3. 教义以新约为根据。

4. 教会的组织应民主化，最高权应在教友，不在教会。

班扬的主张完全是针对旧教的，所以旧教的权威把他下狱。他在狱里有十二年之久。这本书就是描写一个基督徒如何上天，一路上遇见什么困难和试探。我看了之后，好像得着做人的南针。

（二）斯托夫人（Stowe）的《黑奴魂》（又译为《汤姆叔叔的小屋》）（Uncle Tom's cabin）。这本书描写美国当年黑奴之痛苦生活。我看了大为黑奴抱不平。对于被压迫者就发生无限的同情，并在心灵中激起了很深刻的民族意识。

（三）Benjamin Franklin 的 Autobiography《富兰克林自传》）。

这本自传是富兰克林写的，他描写他自己怎样从学印刷到做政治家的。我读了之后，感觉到一个人要有成就非努力非奋斗不可，非为人服务，为国效劳不可。

末了我要谈谈我的国家思想了。在童年时代，我的人生观无非在显亲扬名。在中学时代，我的人生观在济世爱众。在大学时代，我的人生观除济世爱众外还能注意到救国呢。这种救国的观念是在清华里养成的，清华创办的历史我很明白的，清华的经费是美国退还的庚款，庚款是什么呢？无非民脂民膏而已。所以我觉得我所吃的是民脂民膏，我所用的也是民脂民膏。将来游学美国所有的一切费用，也都是民脂民膏，现在政府既然以人民的脂膏来栽培我，我如何不感激呢？我如何不思报答呢？爱国爱民的观念从此油然而生了。

第六章　游学时代

一、一个美丽的国家

我二十四岁那一年（1914年）七月在上海预备赴美游学了。

那时美国，这一个美丽的国家，在我心目中，确是人间天堂呢！听说人民非常勇敢的。三百年前美国是一片荒凉大陆，除了土人、红人、毒蛇、猛兽之外，就没有人了。自从一四九二年，哥伦布发现了这个大陆之后，英国新教徒、法国新教徒，就一批一批地逃到新大陆辟草莱，披荆棘，建立新城市，吸收自由空气。不久华盛顿揭自由旗，脱离英国，宣告独立，建立联邦共和。林肯主张自由平等，解放黑奴。什么开矿筑路、立学校、建工厂、辟市场，一切应兴事业，都是蓬蓬勃勃，如雨后春笋，开始建设了。不久什么煤油出"大王"，钢铁出"大王"，汽车出"大王"，银行出"大王"。什么都出"大王"，甚至于连皮鞋也出"大王"了。

听说人民生活程度是很高的，普通工人每天总有三四块钱的工资。吃的大餐，穿的西装，住的洋房，比我们中国有钱的人，着实要舒服得多呢！

又听说人民的知识也是很高的，差不多没有一个人不读书，不识字的。文化的水准非常之高。什么博物馆、动物园、植物园、美术馆、图书馆、体育场没有一个城市是没有的。

又听说世界最大最高最多的东西都在美国。最大的大学要算纽约的哥伦比亚了，学生三万以上呢。最高的房子那是要算伍尔获司大厦（Woolworth Building），有五十七层之高。世界最著名的瀑布要算奈矮格拉（Niagara Fall）。图书收藏最丰富的，要算华盛顿国家图书馆了，交通最便利，铁路最多，公路最长，恐怕也要算美国了。

听说要发财到美国去，要读书也到美国去，要看奇闻壮观，到美国去。要吸自由空气，也到美国去。那时我一听见这样的一个新兴的自由国家，不觉神驰心往了。所以那年毕业清华预备上美国的时候，我的心中快乐，真是非笔墨所能形容呢！

二、学习吃饭礼貌

在上海怎样预备呢？环球学生会朱少屏先生替我们办护照，

定舱位，还筹备欢送会欢送我们。在什么花园开会的，我不记得了，我记得唐绍仪先生致欢送辞，谆谆地勉励我们。

周诒春校长办事非常认真。他恐怕我们年轻没有经验，对于吃饭礼貌毫无规矩，就在四川路青年会，教我们怎样吃饭。他不但讲给我们听，还要吃给我们看。我们在学校上讲堂听讲书，做实验，现在在饭堂里上"吃饭"课，学习吃饭礼貌了。我们在青年会住了一个月，周校长差不多上了一个月吃饭课，我们竟变成"吃饭学生"，周校长倒变成"吃饭先生"了。这种吃饭知识，着实有用呢！我以后到了美国，在随便什么地方吃饭，都不觉得外行，而美国人看见我有这种礼貌，着实觉得惊奇呢！

现在我来说给你们听呢！

周校长究竟怎样教我们吃饭的，下面的课文只能说是"大意如此"。周校长是否这样讲的，那我不敢担保了。

第一课　坐席

周校长说，中国人让左，外国人让右。女主人的右手座位是首席，男主人的右手座位是次席，女主人的左手座位是第三席，男主人的左手座位是第四席，其余类推。美国人坐起来，总是男女隔坐的，女主人的左右座位普通是男宾坐的，男主人的左右座位普通是女宾坐的。这样男女宾主就可以一对一地坐谈了。但是入席时，从客厅走到饭厅，女的总是先进去，男子只可随后跟跟，若要"捷足先登"，那就要吃主人的白眼了。

同席的来宾若是很多，座位名次多是预先规定，男女来宾可以按照名签就坐。若是同席的不多，普通总是由女主人指定座位，请来宾一个一个坐的。

但是"就坐"不要坐得太快，就坐也有一定的礼貌。第一女主人坐下，来宾方才可坐，女主人还没有就坐，来宾绝对不可坐的。女主人怎样就坐的？这里也有一点规矩，你不能忽略的。首席的来宾一看见大家站立好了，女主人正预备就坐，应当立刻走到女主人的旁边，把女主人的椅子轻轻地拉开来，对她说："某夫人请坐"，再看她将要坐下去的时候，就把椅子轻轻地往里面移一移。其余男宾一看见女主人就坐，也照样请左手的女宾坐下。

第二课　坐的姿势

"立有立的姿势，坐有坐的姿势，"中国人本来很讲礼貌的，现在太随便了。外国人坐的时候，有一定的姿势，客厅里的椅子都是很舒服的。椅背是往外倾斜的。饭厅里的椅子不是那样舒服的，椅背又高又直，你坐下来，一定要把椅子移进去，把你的胸挺直，把你的背紧紧地靠着椅背，这样你的背就不驼了，坐的姿势就对了。我常常看见中国人驼着背，低着头，吃外国饭，这种驼背的姿势实在不适宜于吃外国饭。

第三课 喝汤

喝汤有三点要注意的：第一点，头不要往下垂。你要把汤用汤匙舀起来，放在口里。第二点，不要作声。中国人喝起汤来，常常做出"嗤嗤"的声音，这是很不好听的。第三点，汤快要喝完的时候，你若要把汤余舀起来，不要把汤盘往里面侧，若是往里面侧，一个不当心，你会把汤倒在衣服里呢。你应当把盘往外侧。你能顾到这三点，喝汤就有资格了。

第四课 吃面包

"吃面包"是最容易做的了。其实面包也不容易吃的，有的人非常粗鲁，把面包一大块，放进嘴里，一口气吞下去。这种吃相，多么难看。你应当先把面包放在盘子里，用刀裂成四小块，再涂点牛油，放在左手，一点一点地吃下去。吃好一小块，再吃点菜，吃了菜再吃面包，不要尽管把面包像吃饭似的一块一块吞下去呢！

第五课 用刀叉

乡下人吃大餐，拿起刀来放进嘴里，一个不当心，舌头割得鲜血淋淋。这好像是笑话。其实刀儿放在嘴里的我看得很多。吃大餐是不容易的，刀叉是很难用的，第一，刀儿绝对不要放进嘴里去。第二，刀儿要右手捏的。第三，食物也要用叉，叉了放进嘴，这里有一个问题发生了，还是用右手拿了叉把叉着了食物放进嘴里去呢？还是用左手的？两种方法都可以，但要吃得文雅一点，还是用右手好。怎样用呢？譬如吃牛排。先右手执刀，左手执叉。再左手执着叉把牛排揿牢，右手用刀把牛排割开一小块。然后右手把刀儿放下，左手把叉子交给右手，右手再用叉子把一块牛肉叉起来放进嘴里。吃完了，再用右手执刀，左手执叉，把牛排切开，照样放进嘴里吃下去。这是一种很文雅而有礼貌的吃法。

刀叉不是一律的。吃鱼的刀叉普通是银子做的，比普通的刀叉要厚些、短些、钝些。不知道的人常常用鱼刀、鱼叉切鸡割肉呢！

第六课　谈笑

孔夫子说吃饭的时候，不要说话。外国人同孔夫子却刚巧相反。他们以为吃饭是一种社交活动，非说话谈笑不可，所以席间总有人说笑话，讲故事的。但有两点你要注意的，你说笑话或讲故事的时候，不要把刀叉捏在手里。有一次我看见一个人捏着刀叉讲笑话，正讲得起劲的时候，他把刀叉乱动，几乎把旁人刺痛了。

第二点你要注意的，就是不要讲悲伤的事情。这个道理是容易明白的。说笑话，讲故事原来是为帮助消化，增进快乐。你现在讲到不快的事情，不是使饭都吃不下了吗？

"吃饭礼貌"课，就此讲完。我们百余个正待装赴美的学生，无意之中，学到这种人生一日三餐不离的重要礼貌，得到了这样一张举世罕有的"吃饭文凭"，哪一个不兴高采烈、眉飞色舞呢！

三、外国人并不个个都是好的

我们在上海上"吃饭"课，种牛痘，检查体格，治理行装，赴各处欢送会，忙个不了。八月十五日乘招商局的自置邮船，"中国号"（S. S. China）出发渡重洋了。两天前发生一桩非常痛恨的事，使我终生不能忘的，这是一件什么事？

我虽然在北平读了三年书，在上海读了半年书，对于城市生活，可说完全不知道的，那天——八月十三日——下午，我在一条狭窄的马路上行走，走的是那一条马路，现在我不记得了。我只记得这条马路没有行人道，所以那时我就在马路上行走，忽然后面来了一辆黄包车，我正预备走到右边去让它，不料前面却飞也似的也来了一辆黄包车。我看看不能走到右边去了，就停止在路中不走，以让前后的两辆车子。那知道一停，停出问题来了，那坐在前面来的车子上，是一个碧眼红须儿，他看见我有点"乡瓜儿"样子，就拿出拳头，对准我的胸膛"砰"地打了一拳，我给他打得莫名其妙，当时我气极了！就想回他一拳。但脑筋一转，仔细一想，我若回打他，势必至于吃大亏。他是一个凶蛮的外国人，我是一个又矮又小的中国人。打起来，一定要吃眼前亏。若是打到"巡捕房"里去，中国人总是错的，哪里拼得过。也许这样一来，倒被拘留几天，船期耽误，反而更加倒霉了。所以就忍气吞声，回到青年会，走进寝室，关上房门，倒在床上，痛痛快快哭了一场。

那时候，我想道："一个中国人在中国地方，尚且受外国人的侮辱，将来我到外国地方去，一定要受到更大的侮辱。"想到此地，哭得更加伤心了。其实后来我在美国五年之久，足迹遍十余州。不要说没有一个美国人敢来打我一拳，就是连一根头发也没有人敢来动一动呢！但是那次侮辱给我一个很大的教训。从前，我想外国人都是好，我在蕙兰，看见的甘惠德校长是一个多么爱中国的美国人，我在圣约翰看见的卜芳济校长也是一个多么爱中国的教育家。我在清华看见的一般美国教师，也都是很有礼貌，很爱中国的，今在路上遇见了这样一个凶暴的外国人，使我深深地认识了，外国人并不个个都是好的！

四、乘中国自置邮船

八月十五日我们都兴高采烈，乘了中国自己置备的邮船出发了。在中国招商局码头送行的，人山人海，拥挤不堪。第一次汽笛刚吹过，船上送客的纷纷下船，在船上的乘客拿了许多红绿纸圈，拼命地向码头上抛。在码头上送客的，也买了许多红绿纸圈向船上抛。船上的乘客拿着码头上送客的纸条，码头上的送客拿着船上乘客的纸条。几百条红红绿绿的纸条把送客的和乘客的热烈情绪暂时连系着，交流着。汽笛又吹了，送客的乘客的把红绿纸条儿拉得更紧一些，更牢一些，好像热烈的情绪像电似的在纸条上可以加速地交流着。

第三次汽笛大吹了，轮船开动了，慢慢儿离岸了。乘客和送客还是把纸条儿紧紧地拉住。船离开愈远，纸条放得愈长，电流似的热情交流得愈快。船终于离得更远了，纸条儿不够长了，断了！断了！"再会！再会！"一遍遍喊声，从船上、码头上发出来。有的纸条儿还捏在送客的手里，有的纸条儿还捏在乘客的手里，两方口里虽连喊"再会！再会！"，而手中的纸条儿还是紧紧地捏住，不肯放掉，好像这一根寄情的东西比什么都要宝贵呢！船愈离愈远了，乘客和送客都拿出雪白手巾来互相挥着，几百条雪白的手巾好像几百面小国旗在空中飞舞着，多么美丽！船愈离愈远了，人画模糊了，但是雪白的手巾还能看得见呢。那时的手巾已染湿了泪珠而没有像当初之活泼轻松了。那时送行的有我的未婚妻雅妹、岳父、小哥、姐夫、同学钱财宝及十几位亲戚好友。

这次赴美游学的共有百余人，其中有新考取的十个女生，清华优秀幼年生十人，一九一三年、一九一四年两班毕业生七十余人，以及自费生数人，我们百余人，济济多士，把"中国号"的头等舱位几尽占满了。我们浩浩荡荡，乘长风破万里浪，雄渡太平洋了。

海上旅行原是一桩最愉快的事，早晨可以看旭日东升，傍晚可以看红日西沉。海涛像山似的白涌碧翻，飞鸟像箭似的冲浪排空。还有海鸥成群，翱翔上下，似有欢送我们的意思。

船中生活，也是非常快乐。一日六餐：三餐大菜，三餐茶点，我们百余人吃得胖胖的，有点像猪猡了。说起大菜来，真要笑死人呢！我们在上海的时候，周校长只教我们吃饭的礼貌，而没有教我们吃什么菜，所以我们一到船上不知道吃什么好，每餐的餐单总是印的满满的外国菜名，有时候，菜名来得古怪，我们一点都不认识。我们只好从菜单天字第一号吃起，一直吃到点心为止。我们先吃清汤。吃了清汤，再吃混汤。吃了鱼，又吃虾。吃了猪排，又吃牛排。吃了家鸡，又吃野鸡。吃了蛋糕，又吃冰淇淋。吃了茶，又吃咖啡。那年同船的还有几个外国人呢。有一个在中国传道的美国人，名叫牛顿·海因斯（Newton Hayes）看见我们吃得这样高兴，着实替我们担忧呢。有的同学还说："大菜难得吃的，我们既出了钱，应当吃个饱。"

船上不但吃得痛快，玩也玩得起劲。白天在船板上可以掷绳圈，抛圆板（Shuffle Board）。晚上弹琴唱歌，着实热闹。星期日

早上请海市先生给我们讲道。这样说来，我们的旅行生活又愉快
又不虚度呢！

五、学医呢？学教育呢

　　我是原定到俄亥俄州（Ohio）的一个浸礼会大学，亚勃林
（Oberlin）读教育学去的，预备在那里毕业之后，再进哥伦比亚
师范学院专攻教育，但是在船上不到三天，我开始检讨我自己了。
我问自己说："我为什么要读教育？教育不是一种很空泛的东西
吗？读了教育，还不是'坐冷板凳'，看别人的脸孔去讨生活吗？"
这样一问把我自己问倒了。

　　我继续自问："教育既然不行，那么什么东西可以使我自食其
力，不求于人呢？医学是最好的了。我若有了本事，就不必请教
人，人倒非请教我不可"。左思右想，弄得我三四夜没有好好儿
安睡。思维再三，决定去学医。把这个意思告诉了周校长，并请
他替我换一个学校，他说："你要学医，我也不反对。我来打一个
电报给留美监督，请他替你接洽美国最著名的医科大学去。"这
就是马里兰州（Maryland）的约翰·霍普金斯（Johns Hopkins）
大学了。

　　过了几天，我又重行检讨自己的兴趣志愿了。我仔细想道：

"教育虽然不能使我独立，难道医学是我所愿意学的东西吗？一个人做人总有一定的志向。定了志向，再定学什么。现在我要自己问一声：'究竟我的志向是什么？我的志向是为个人的生活吗？决不！是为一家的生活吗？也决不！我的志向是为人类服务，为国家尽瘁。'"我又追问自己说：

"医生不是可以为人类服务，为国家尽瘁吗？"

"是的，但是医生是医病的。我是要医人的，医生是与病人为伍的。我是喜欢儿童，儿童也是喜欢我的。我还是学教育，回去教他们好。"

这样左思右想又害了我几夜的失眠。我就决意去学教育，我又把这个意思告诉了周校长，请他准我回到亚勃林去。他说："电报已经打出，不能再改了。好在霍普金斯大学文理科也是非常著名的，你还是到那里去吧！"教育与医学一场恶战，至此告一结束，而我遂决意到霍普金斯去了。

六、你是来接我的吗

我们一过日本，风浪似山一样高。船上百余同学除四五人之外都晕船了，个个都睡在床上，一动也不敢动了。那爱吃大菜的几位仁兄，也不敢到饭厅来了。我呢？是不怕风浪的，一日六餐还是不肯少吃的。

船到檀香山，华侨派代表来欢迎我们。我们因此得参观世界最著名的水族馆，馆里的鱼类，不知有多少种，可惜时间太短，不能多留恋呢！

九月七日到旧金山，领事、华侨代表、青年会中西干事，都来欢迎我们了。

宴会之后去参观施单福（Stanford）大学。第二天全体师生就乘火车 Santa Free Line 到芝加哥去了，路过盐湖城（Salt Lake City）就停了几个钟头，坐了汽车去观光。这个城好似人间天堂，看起来是新建设的，什么东西都是新的，房屋又新又高，道路又阔又长，有自来水，有电灯，有大学，有教堂。一切近代设备应有尽有，还有一样建筑，别的地方所难以看见的，就是马尔门教堂（Mormon Temple）。里面的风琴非常之大，要算世界上第二个最大的了。承教堂牧师的厚意，我们还听到风琴的洪钟似的音乐呢。

听说这个城市七十年前还是一片沙漠。马尔门教徒受美国东部人民的压迫，跑到西部求生路。一八四七年有四十七个马尔门教徒先发现这个地方。两年之后就有二万移民到此垦殖了。他们为什么受逼迫呢？他们所相信的马尔门教，究竟与别的教有什么分别呢？马尔门是一种新教，他们的首领是司密斯（Joseph

Smith）。他们的信仰根据圣经与《马尔门书》。他们相信这本马尔门书是美州史前时代的历史。为什么他们受逼迫呢？他们相信"合群原则"（Principle of Gathering）他们到什么地方，总是住在一起。做起事来，也大家一起做，所以他们到一处地方就受那处地方人的猜忌、妒嫉、排挤、逼迫。我参观后，受了很大的感动，就是"事在人为"，沙漠能变天堂！

九月十三日我们到芝加哥。在那里大部分同学往纽约新英格兰诸州去了。

我与少数同学往东南行。第二日夜半到了匹兹堡（Pittsburgh）。有的下车了，有的往别处去了，我一个等在车站里换车到跑铁马（Baltimore）去。那时候，觉得形单影只，举目无亲，大有念家思乡之感，且夜深人稀，若遇歹人，将何以应付？战战兢兢，心境颇不自安。

是夜天气寒冷，遂披上雨衣以御寒。等到上午四时左右，火车来了，我提着小箱子上车去，一到车子里，还未坐下，一个粗鲁的工人对看了一看，问道："喂！查理（Charlie 普通称呼）！外面下大雨吗？"我以为他真心问我，我就回答说："不！"他听了哈哈大笑：以为我上他的当了。我见他大笑，就知道了，原来他笑我穿雨衣呢。其实我因为要省钱，秋大衣不做，雨衣就当大衣穿。

美国人很幽默，虽粗鲁工人，也善于取笑呢！

九月十五日清晨，火车到跑铁马了。一到车站，四面一望，没有一个中国人来迎接我，心中就觉得很难过，不得已提了箱子，拿着雨衣（恐怕别人再笑我）从车站跟了行人鱼贯而出，一走到收票处，看见一个中国人就喊起来说："你不是来接我的吗？"

他对我望了一望，怀疑似的问道："你不是到跑铁马来念书的吗？"

我说："是的，是的！"

他就带了我到青年会住了。美国大学开学是很迟的，霍普金斯要到十月十五日才开学。现在不过九月十五日，离开学还有一个月，这一个月长长日子，真是难过极了。"想家病"（Homesick）我是从来没有生过的，现在我居然生起想家病来了，你们想想看，我在那种环境怎样不想家呢？

跑铁马这个城有六十万人，在全美国，要算第六个大城了。在这样大的城市里面，我走来走去，看不见个认识的人，也没有一个人认识我的。

学校既然尚未开学。我要问问我的功课，也无从去问。究竟我可以插几年级，读什么书，什么先生教得好，功课要怎样预备，将来住在什么地方？一切的一切，都无从去商量。幸而那个来欢迎的中国人是一位霍普金斯医科学生。他姓胡名宣明，现今国内数一数二的公共卫生专家，这位胡先生待我非常好的。我当时一个人住在青年会很孤独很无聊的时候，他老是来看我的，并且带我到他的美国朋友家里去玩。到后来，我们二人成为最好的知己呢！

七、都要知道一些

现在我先说求学的情形吧！我在美国读书可分两个时期：一个时期是在霍普金斯研究普通学科；一个时期是在哥伦比亚专攻教育和心理学。在第一个时期，随便什么知识我像海绵似的都要吸收。在第二个时期，我只专心于教育或与教育有关的学科，比第一个时期要专心得多了。

那时候，我对于求学一个原则：就是"凡百事物都要知道一些，有一些事物，都要彻底知道"（Try to know something of everything and everything of something）。所以原则第一段应用到第一个时期，第二段应用到第二个时期。

十月十五日霍普金斯开学了。在开学前三天，我把在清华所读的功课和成绩送给教务处审查。审查的结果，有一部分功课可以承认，一部分功课认为太浅，不得作为大学功课。就把我插入大学二年级。两年后，同学朱君毅在清华读的是文科，到霍普金斯来就插入大学三年级，这不是朱君在清华读的功课比我读得多，或者读得好。这是因为霍普金斯当初不知道这个清华学校。我是第一个清华学生在那里读书的，我也是第一个中国学生在那里得学士学位的。胡宣明也是清华学生，不过他没有在清华读过书，他是考取了庚款留美考试直接到霍普金斯大学医科的。

我既然根据了"凡百事物都要知道一些"这个原则就开始在霍普金斯求学了。德文、法文、英文是必须要读的，我在清华已经读过一年德文，一年半法文，三年英文。现在霍普金斯又要读了，一读读了两年，这样先后我读了三年德文，三年半法文。我觉得法文比德文容易。我也喜欢读法文，法文文字似乎比较美丽，而法文读音也似乎比较来得悦耳，所以那时我能看看法文文学书。一九三四年至一九三五年往欧洲游历时，我还能勉强用用法文，应付环境呢。在霍普金斯我还上过几位名教授的功课，什么 W. W. Willoughby 的政治学，Goodnow（曾任中国政府的高等顾问）的市政学，Barnet 的经济学，Bucheer 的教育学！Dunlup 的心理学。但是我最感兴趣的要算地质和生物学了。我一读到地质学，好像发现了两个世界：一个现代的世界，一个古代的世界。从前看见了高山大江，只知道山之高，江之大，而不知道山是怎样构成，哪里知道现代的山顶，就是古代的海底。现代的海底，就是将来的山顶。江是怎样变成的，从前只看见平地、高原、沙漠、森林，而不知道他们怎样来的，现在知道地球是怎样形成的，地球是个什么东西了。

石头对于地质学家发生一种特别的神秘魔力。我的地质学先生斯沃茨（Swartz）在他的实验室里面，不知藏了多少石头。他常常带了我们去采各种的石头，我也采了许多石头回来，现在还是保存着呢！有时想想看那一班研究地质学的先生、学生都是石头虫呢。别人死读书的，叫做"蛀书虫"。他们死读石头的，不是石头虫吗？

是的，石头是很重要的，石头对于研究地质学的就是一部书，一部地球成形历史书。现在的石子、沙、结晶体、化石，就是古代历史的文字。我们的地球有万万年的历史，这些历史，都用这些文字写在石头上的。一层一层的石头，好像是一页一页的书，每层地层写着一些地球的历史。

究竟这些石头里面有什么东西呢？在山谷里面的石头最下一层是最古。顶高一层是最新，在顶层我们找到种类顶复杂的生命，再向下去古一些了，生命也简单些了，愈到下层，动、植物愈简单。所以石头里面的东西多啦，小的有古代的花、草、树叶、贝壳、小虫、小鱼；大的有巨象、刀牙虎、穴熊、穴狮，近来在戈壁发现了恐龙的骨头。它的前腿比一个美国人还要长，三十个小孩子可以很舒服地坐在它的脖子上。这样大的动物你们看了，好玩不好玩。最近不是发现"北京人"（Peking man）头颅吗？于研究文化历史，发生多大的影响呢！

这种有趣的地质学，我读了一年。那时我就想不读教育，想专攻地质了。但是一读到生物学，我的兴趣又变了。生物学也是非常有趣，我一读，读了两年。先读植物学、动物学，后后来再读生物学，而生物学之中又读到天演论、人与生物学（Ecology）。

从前我在蕙兰读植物学，虽知道植物分类，和采集了许多花草，做了很美丽的标本。现在在霍普金斯的情形不同了。教授的学识又博又深。教授的教法又新颖又实际。他不是空讲的，每次讲演总有许多标本给我们看。我们有一个小植物园，园内有花房，植了各种花草。我们不仅听有趣的讲演，还做有趣的实验。第一学期我们一班的学生不过十人，第二学期人数更加少了，所以教授同我们在一起的时间是很充分的。

在植物学班上，我得了许多知识。各种食虫的植物，从前只在书上看见的，现在真的看见了，含羞草的叶子怎样会垂下去，怎样会挺起来的？梧桐的叶子为什么一到冬天就凋谢呢？树叶的种类这么多。有像针的，有像刺的，有大如蒲扇的，有细如头发的。

树根、树干、花这三部分也是非常有趣的。我们研究各种根，各种干，各种花，普通根生长在水中的或泥里。但西班牙青苔

（Spanish moss）的根，生长在空中的，热带出的兰花，也是挂在空中生长的。花的美丽那是不要说了。

最有趣的就是有种植物也像青蛙生卵，卵变蝌蚪，蝌蚪变青蛙，这一套变形的把戏。我们在实验里研究凤尾草，怎样变形更加有趣。

动物学也是非常有趣的。我们的教授 Andrew 教得真好，讲演是很少的，我们天天在实验室里工作。我记得他讲演总是在我们实验之后举行的，这是一种科学上的归纳法。他先教我们去试验，去研究，他不肯先告诉我们的，我们对于实验有什么不了解，当然可以去问他。但是他总是把结果严守秘密的，等到我们一起做好了，他才肯告诉我们，指出我们的错误，比较我们的结果，这种教法真是好极了。现今我国学校里的教员还不是拿着书本死教？还不是把活的科学用死的注入法讲死了吗？

我们每人有一架显微镜，随便什么时候都可以用的，我最喜欢看显微镜底下的生物，什么阿米巴，什么草履虫，什么钟形虫。水中形形色色的下等动物，一经显微，都可看得见了，我们研究蚯蚓，把它详细解剖了一下。使我不能忘记的，就是它的生殖器。一条蚯蚓有雌雄两种生殖器，这是在动物中很少有的。

我们研究苍蝇的繁殖。安握鲁（Andrew）博士给我们每人几个水果苍蝇（Fruit flies），这种苍蝇是很小的，比普通家蝇总要小十倍，但是繁殖非常之快的。我们把这种小苍蝇养在玻璃管子里面，管子底里放了一点香蕉给养蝇做食料，同时苍蝇生小虫，小虫也不会饿死了。我们天天要留心观察的，究竟小虫——蛆，有没有生出来，生出了多少？后来变了多少小苍蝇？这样我们知道苍蝇要多少日子生蛆，蛆要多少日子变苍蝇，还要算算一对苍蝇生了多少小苍蝇，这种试验多么有趣？

还有我们研究孵小鸡。一天的胚胎是怎样的，二天、三天大的胚胎，四天、五天大的胚胎是怎样的。我们把各天的胚胎做了玻璃片，放在显微镜底下去研究。

我还研究青蛙的变形，青蛙的骨骼，青蛙的生活，青蛙的神经系，足足研究了半年工夫。到后来，研究天演学说，用各种动植物的事实来证明物竞天择，那是更有味儿了。

我研究了生物学好像发现了显微镜的底下一个生物世界，认识了从前所看见而不知道的动物世界，可惜我在美国没有读天文学。所以到今天，宇宙的伟大，穹苍的奇妙，还不能欣赏呢！

霍普金斯的研究精神真是好极了。教授、学生一天到晚，都浸润在研究精神之中做研究工作，而没有一点傲慢的神气，自满的心理，总是虚怀若谷，诚恳万分。

有一天我在实验的时候，需要一点水。我走出门口看见一个衣服很破旧的人，远远地走过来。我以为是某校役，正要喊他替我打水的时候，他已经走到我的面前了。仔细一看，不是某校役。我问了别的同学，才知道他就是世界上研究下等动物的著名权威，詹宁氏教授（Prof. Jennings）呢！

霍普金斯的校训是"真理使你自由"；自由有政治上的自由，有道德上的自由，有学问的自由，有身体上的自由。一个人要有种种自由，就要先明白真理，得着真理。霍普金斯研究真理的那种精神，真使我五体投地。以后我回国做点研究工作，未始不是受霍普金斯之所赐呢！我觉得一个游学生到外国去游学最重要的，不是许许多多死知识，乃是研究的方法和研究的精神。世界上所要知道的知识，实在太多了！怎样可以在短短的五六年的时间，都学得到呢？若得到研究的方法和研究的精神，你就可以回国后，自己去研究学术，去获得知识，去探求真理。方法是秘诀，方法是钥匙，得到了秘诀，得到了钥匙，你就可以任意去开知识的宝藏了。

我到了美国之后，求知的欲望非常高涨。什么东西都要研究，都要学学看。一九一六年夏天，我在猗洒街（Ithaca）避暑，就进康纳耳（Cornell）大学暑期学校读书。读什么书呢？说来奇怪。我读了三种：一科是"牛奶"，就是研究怎样做乳酪，怎样做奶油，怎样做乳浆，怎样分析牛奶，怎样检查牛奶。一科是"鸟学"，

就是研究鸟的种类，鸟的习惯，鸟的生活。鸟学先生对于鸟学是
有心得的。每天，天还未黎明，他要带领我们到附近树林里去观
察鸟儿的。一科是普通心理学，由分析心理学专家 Titchener 的学
生教我们的。

一九一七年夏，我在霍普金斯大学本部毕业了。是年暑假，
我在北方安姆黑司脱大学（Amherst College）读书，读的东西，
也是很有趣的。我也读了三科：一科是园艺，我学了之后，知道
树是怎样接的，花要怎样种的。对于我以后创办鼓楼幼稚园时，
布置学校园，着实有点用处呢！一科是养蜂学，养蜂是非常有趣。
后来我在南京住家时，也养了十来箱蜂，获得了不少的人生乐趣，
增加了不少的生物知识。世界上还有多少人靠着养蜂发财呢！还
有一科是汽车学。可惜我的机器知识太薄弱，先生虽教得很起劲，
我还是茫然不知。

以上种种学科，都是依照我的求学的第一个原则学习的，从
一九一七年下学期起，我就专心研究教育和心理了。

八、研究教育和心理

哥伦比亚师范学院是世界上研究教育最著名的地方。教授学
问之渊博，教育学科之丰富，学生人数之众多，世界上任何大学

都找不出来的。

这里的学生大半是有经验的。有的做过中学校长的,有的做过督学的,有的做过小学教师的。女的虽是占多数,男的也不少。青年的虽有,大半都是中年,白发苍苍的也有不少。在克氏(Kilpatrick)教育哲学教授班上与我同学的,有一个六十余岁祖父和一个二十来岁的孙子。在我国有"父子登科",在哥伦比亚有祖孙同学呢!父子登科还在异时,而祖孙同学却在同时。克氏是师范学院里最著名而最受学生欢迎的一位教授,在他的班上听讲的,总是拥挤不堪,每学期总有几百人。不但学生人数多,而且学生之杂为任何大学、任何学科所不及。他的班上学生有从本国来,有从英国的,有从法国的,有从西班牙来的,有从墨西哥来的,有从非洲来的,有从亚洲来的。男女老少,各种人类,一应俱全。克氏为什么有这样魔力呢?他的思想有魔力,他的教法有魔力。他是主张言论自由,思想自由的。他不肯抹杀别人的思想,也不肯放弃自己的思想。他要集中各种见解,各种思想,来解决疑问,来解释难题,所以他所用的教法是独出心裁而能刺激思想的方法。他不用注入式的讲演法,他用启发式的问答法。这种问答法很有点像希腊圣哲苏格拉底(Socrates)的问答法。克氏先教学生自由分成几十个小组,这种小组生存时期以一学期为限。在未讨论问题之前,发给我们一张纸。上半张印了十来个问题，下半张印了十几种参考书。

各小组自己认定了问题，课后到图书馆去看参考书。看了参考书，先在小组会议里互相检讨，互相切磋。一到上课时，各组提出意见，意见各有不同，思想各有分别，辩论就开始了。一个问题先由克氏提出之后，班上任何人都可起来表示意见，贡献意见，批评别人的意见，指摘别人的错误。等到各方的意见充分表达后，他老人家起来，把各种意见下一个总检讨。有错误的，他指出错误；有真理的，他指出真理；把一个问题解答得清清楚楚。这种教法是奋兴剂，个个学生都愿意绞脑回肠去研究问题，检讨问题，辩论问题。在他的教室里二三百个学生没有一个会打盹，没有一个会偷看小说，没有一个不竖起耳朵，提出精神去参加辩论贡献意见呢！克氏的教室，实际就是议会。克氏班的上课，就是开辩论会，无怪克氏之魔力若是其大呢！

在克氏班上与我同学的有几位中国现今的教育家及几位在中国的传道的教育家。张伯苓先生创办南开中学做过清华教务长，再跑到哥伦比亚来读书，这种好学的精神着实可钦佩呢！已经做过什么河北省督学再到这里求学的李建勋博士常常同我坐在一起的。还有一位从中国来的美国女子 Idabelle Lewis（Mrs. A. Main），她研究中国女子教育，得了一个博士学位。后来回到中国办女学，编辑教育杂志，现今在上海同我办理难民教育。这位美国女子爱中国恐怕比中国人还要热烈呢！我常常对她说："你有美国人的皮肤，中国人的心肠"，这个女子真正有耶稣的那种爱心。当时我能和她同学，现在能和她同工，这也是人生中一大快事呢！

九、考察黑人教育

孟禄博士教我教育史的，他用自己所编的教育史做教本。所以除了教本之外，他没有余暇再去搜集新的史料给我们做参考。他所组织的黑人教育考察团，实在给我们一种最新、最有意义的教材。我参观了之后，发生很大的感想。这种感想，以后在我的事业上，就发生很大的影响。

孟禄博士在一九一七年冬组织了一个考察团到南方去考察黑人教育，参加的共有三十余人。葛德基（E. H. Cressy）现今全国基督教大学联合会总干事，郑晓沧现今教育家，也是参加的。考察费是由孟禄博士向几位有钱而热心教育的美国人 Dr. Jones、Mr. Pesbody 捐集的。

在未说考察之前，我先要说说，我对于黑人的印象。黑人在美国的地位是很低的。从前他们做奴隶的，现在虽然自由了，而文化水准仍是很低，生活非常艰苦。在北方所看见的黑人，都是做下层苦力的工作，大概女的做厨子，男的做仆役。我的脑筋中对于黑人的印象不过如此而已。但是一到了南部弗吉尼亚（Virginia）州的海拨登学院（Hampton Institute），我的态度就改变了。我看见学院的黑人学生跟白种学生、黄种学生，没有十分两样。这个学校是矮姆司吃朗（Armstrong）将军创办的，他爱黑人如同爱白人一样。他办了这个学校，专门是为教育黑人子弟，在这个学校里，穷苦的学生可做工换学费、膳费。我们在这个学校过了一夜，所做的饭菜都是家事科的女生做的，他们做给我们吃的玉蜀黍糕（Corn muffin），到今天好像我还能闻得香味呢！

这些女生穿了雪白的围巾，戴了雪白的帽子，比我们在北方所见的下等黑人女子要清洁得多，美丽得多。教育可以改变人生的。

第二天我们离海拨登到塔司客其（Tuskegee）州的塔司客其（Tuskegee Institute）学院去参观了。

一到这里，我的态度大变了。这个学院是一个黑人创办的，学院里的教师都是黑人。有一个化学家正研究出一种植物染料，他领我们到他的实验室，把他所研究出的染料给我们看。吃中饭的时候一千多个学生，排了队伍，用音乐队做领导，进了一个很宽大的饭厅，唱歌吃饭。我看了着实发生一种羡慕之心。到了晚上，学生唱他们的民间的音乐给我们听。他们唱给我们听的，是两首很著名的黑人歌，一首叫《Old Folks at Home》，一首叫《My Old Kentucky，Home》。这两首歌都是描写黑人释放想家的情绪。唱的时候一个学生领唱，几十个学生相和。两首歌都唱得非常动情。黑人唱黑人歌，这是我生平第一次听见呢！我还记得我们到这个学院的时候，我们看见许多学生正在建筑一所楼房。这所楼房做什么用的，我不记得了。当时该校校长告诉我们说：该校的全部校舍，都是由学生自己建筑的，学生会用脑也会用手。这也是孟禄博士领我们到这里来实地考察教育的目标之一。

我们参观了这两个学院之后，就到乡下去看乡村小学。乡村小学可说是"夫妇学校"，一星期五天上课，星期日学校变做教堂，教员变成牧师，平日游艺会、交谊会都在学校举行。所以学校是社会中心，与社会发生直接关系。在南方这夫妇学校是很普遍的，影响黑人的教育是很广泛的。我们要问这种办学的精神是从那里来的，这些在乡下埋头苦干的男女青年，是从哪里教育出来的。他们是从上面所说的两个学院培养出来的，那种办学精神是从矮姆司吃朗（Dr. Armstrong）、同塔司学院的创办人勃克梯华盛顿（Booker T. Washington）黑奴伟人那两个人来的。矮姆司我已介绍过，现在我要介绍另一位黑奴伟人了。

勃克小时做过人家的奴隶的，他企慕乔治·华盛顿，也就取名为华盛顿。在十五六岁的时候，他在矿里做工，听见在弗吉尼

亚（Virginia）省有一个专门教育黑人的学校，这个学校叫做海拨
登。他一听见了这个消息，就立志想到那里去读书。他就开始储
蓄。到了十九岁那一年，他决意到那里读书去了。他用他所储蓄
的钱，买了一张火车票，但是钱不够，不能买到海拨登，他只得
乘到那离海拨登还有一段路的地方。他下来，一路做工一路走。
一天，他居然走到了海拨登学院的门口，看见一位女教员，就告
诉她来意，并且请求她帮忙，这位女教员看他很诚恳，就给他一
个拖帚，一块抹布，他就抓住拖帚，捏牢抹布不肯放了。他认为
他的机会到了，他就来拖地板，一遍不够，两遍，两遍不够，三
遍，把一块原来肮脏的地板，拖得干干净净。他又把房间里面的
门户桌椅揩得精光烁亮。做好之后，那位教员出来一看，大为高
兴，就留他半工半读，这是他最得意的入学考试。勃克非常用功，
四年工夫就毕业了，毕业后就决意要像矮氏办一个黑人学校，完
全由黑人自己教授。他善于演说，就到本国及英国去募捐。结果
非常美满，可说"有志竟成"，一个像海拨登学院的学校塔司客
其学院成立了。现今这两个学校好像两座灯塔，在美国南方黑人
世界，大大地放着灿烂的光明。

　　勃克做了一本自传，叫作《黑奴成功传》（Up from Slavery）。
这本书后来我看到的，给了我很大的感动和鼓励。一个到了十九
岁开始读书的黑奴，能够努力奋斗，教导群众，为社会谋幸福，

为民族增光荣。我们自命为优秀分子，曾受过高等教育，应如何奋发惕励，为国努力呢！

一〇、我是从来不失信的

我从南方考察教育回到纽约后，再在师范学院继续读书。第二年（1918 年）夏天我读满三十个学分，得了一个教育硕士学位。那时候，我想专考教育心理，就在那年冬天去应考博士学位的初级考试，不料没有通过。心理学教授桑戴克说我的心理学知识不够，还是读教育学好。我听了有点不服气，遂跑到大学心理系主任伍特获司（Woolworth）的地方，请他许我转入心理系，做他的学生。他把我所读过的心理功课，查了一下，就允许我了。我心里觉得很高兴，遂多选了心理学程，并且开始准备博士研究论文。论文题目是他给我出的，就是"各民族智力之比较"。我就花了几个月的工夫，把智力测验材料选择妥当，预备一九一九年下学期到檀香山去研究那里七八种民族的智力。这种研究工作是费时的，大概要用半年工夫，才能把研究完成，再用半年工夫，才可把测验的结果统计好，所以这样算来至少要有一年工夫。但是我的清华五年游学年限到一九一九年上学期满期，要研究这个智力比较问题，非请清华母校予以展期一年不可。我遂于一九一九年一二月间呈请展期，但呈请手续相当麻烦，要把呈请书、教授介绍书、成绩报告单，由驻美中国公使馆转致清华校长，由校长审查合格后，再行通知使馆，再由使馆通知我。这样几转，公文就慢了。

我等到五月底，还没有得到通知，我想是无望了。那时候郭秉文先生正到美国，为南京高等师范物色教员。他到纽约，看见了我，约我下学期回国教书。我要他三年后设法送我回来，他答应了我，我也就答应了他。到六月，看看展期无希望，就呈请公使发给护照路费，准备回国。在未动身回国之先，我跑到跑铁马向我的教授、朋友、同学辞行。我的德文教师克马合尔（Kermeyer）博士劝我不要回国，他叫我再等一等，不要太急。我说："三年之后，一定回来，再读博士学位。"他说："失去了，就不容易再回来了。你回国娶亲成家，就走不动了。"我自以为意志非常坚决，一切困难一定能够克复。遂不听克氏的劝告，竟然回国了。后来东南大学教了三年书，郭先生失了约不能送我回美，我很懊悔！现在算算，回国已经二十一个年头了，还是没有一点回美的希望。博士学位只好在梦中实践吧。青年血气方刚，只往前冲，一遇陷阱，噬脐莫及。这是我的一桩终身大憾事。

这桩事我还没有说完呢！让我来补说一下。那年七月我离开跑铁马辞别了师友，买了船票后乘火车到俄亥俄州（Ohio）的哥伦布（Columbus）城参加美以美百周纪念大会。到了那里，遇见了公使馆的秘书某君。他告诉我说："你的请求展期一年已核准了。"我就说道："那么我不回去了。"他又说："路费已领到了，船票已买好了，还是回去吧！"我给他一说，也就算了。假使某君也有克氏博士那样的先见之明，我想他也会劝我不回国了。假使我不呆守信约，改变计划，也可以再回到哥校而得博士学位了。那时我自己想道：我已经允许郭先生去教书，我若不去，他不是又要费时费力去找人吗？我不是对他要失信吗？我是从来不失信的，况且我刚刚出来做事，那里可以不守信约呢？所以某君不劝我继续求学，我也不加坚持呢！

第七章　游学生活

做中国人民大使，宣扬中国文化，
增进中美两国人士的友谊。

一、夏令生活

周校长常常警诫我们说："你们到美国去游学，不是去读死书的。你们要看看美国的社会，看看美国的家庭。你们要张开眼睛，到处留心。"周校长不但教我们去考察社会，去注意政治，去探讨美国立国之精神，还教我们做中国的"人民大使"，去宣扬中国优良文化，去增进中美两国人士的友谊。他说："在美国现今各大学读书的中国学生，每年平均总有三千人之多。假使这三千'人民大使'都能切切实实去执行他们所担负的重大使命，那中美两国文化的沟通、感情的融洽和邦交的增进，当一日千里了！"

这种箴言，这种嘱咐，我爱之如宝，牢记在心。

一九一四年我到跑铁马城。不久听说在蓝岭（Blue Bridge）避暑处，要开美国东南部学生夏令会。那时霍普金斯还没有开学。我就参加学生团前去赴会。这个学生团中只有我一个中国人，所以他们非常高兴，待我好像兄弟一样。美丽兰大学牙科有一个中国学生，名叫郑全也和我同去的。美国南方不常看见中国学生的，所以我们到了那里，他们都要看看我们，问我们中国怎样长，那样短。我便乘此机会宣传中国的文化，但是夏令会会期不长，我记得好像只有三四天的工夫。他们告诉我说：这个夏令会是新近才举行的。在美国学生夏令会举行得最早最久而最好的，要算北方的北野（Northfield）夏令会了。我听了，非常兴奋。兰岭夏令会一闭幕，我就一个人跑到北野。那里的风景，秀丽如画。开会的地方是在北野女中校舍举行的。女中建筑在山中平地上，整洁美丽，无以复加，连厕所里的地板墙壁都是用光洁的瓷砖砌成的。校舍前面有一块几十亩大的运动场，平平的地，碧绿的草，脚踏上去，不知道是草地还是毡毯。运动场的西边是山坑，望下去有四五丈深。山坑上面有几块大石，我们每天下午五时在石头上开夕阳会。这种夕阳会我认为在夏令会各种活动中最有意义。你们可以想象一下：二三百男女青年学生，代表三四十个国家，十几种民族，像弥陀佛似的团坐在几块大石块上，眼看着血红的日头渐渐下沉，天边的云霞瞬息千变万化，口里还唱着幽雅的圣诗。在这种情景下，夏令会的主席也就是夏令会的灵魂穆德（John R. Mott）博士开始讲耶稣大道，讲人生的意义，讲救人的工作，讲学生的使命。我们听了哪一个不受感动呢？我因为爱这个地方，又爱这种夕阳会，每年暑假都远远地从跑铁马赶到此到来赴会的。我在美国住了五年，年年暑假总到此一游。有一个暑假我同几位同学，住在离此地不远的一个童子军营里避暑。有一个哥伦比亚同学名叫华罗（Walo），他是一个非洲独立国家的主子。我们两个人，一个黄种人，一个黑种人，住在一起，天天一起打网球。我们为要节省费用，就在营里做工，他会烧菜，在厨房里做厨子，我只会吃饭，所以只好搬菜洗碗做侍者。这样一来，我们可以白住白吃了。现在回忆起来，觉得意味还很浓厚呢！

说起这位非洲王子来，有两件事值得说的。华罗说得一口非常流利的英语，打一手很好的网球，吹一个很响亮的乐器——喇叭（Cornet）。我们两个人天天下午一同打网球作乐，到了晚上他吹喇叭，我弹小提琴。有一天，在交谊会上，我们两个人共奏一首曲子，博得大众的鼓掌。今天我一弹到这首曲，就想到这位多才多艺的非洲朋友呢！

二、节令生活

美国人待我们中国人非常之好。我在跑铁马有三年之久。在这三年之中，所有的节日，我总是在美国朋友家里快快乐乐地庆祝的。第一年的感谢节，我是在 Deleware 州大学校长家里过的。校长有个儿子名叫 George Mitchell，与我在霍普金斯同学。他邀我到他家里去玩，感恩节有三天假期，我就在他家里过了两夜，这是我第一次在美国人家里寄宿。

第一年的圣诞节过得最有意义。我的德文教师克氏请我到他家里去度圣诞节。他家是在乡下一座小山上。那天刚刚下大雪，田野、城市变成了一个银世界，非常美丽。我乘了电车，到了山脚下的车站就看见克氏同他一个十岁的儿子，一个八岁的女儿，在那里等我。我下了车，就同他们走上山去。山上的雪景真是可爱！屋上盖白被，树上披着白衣，地上铺着白毯，一切的一切，都是雪白的。我们四个人，撑着洋伞，披着大衣，好像四只黑蚂蚁，在银世界里面一步一步地爬上山顶。到了门口，收了洋伞，脱了大衣，一走进去，就看见壁炉火光融融，墙上挂着碧绿的鸟不宿和血红的天竹枝。在钢琴旁边安置一棵鲜艳夺目的圣诞树。

我还未坐下，师母出来欢迎。师母向我说："你们中国人怎样招待客人的？客人一到，你们怎样做呢？"

我说："客人一到，我们就泡一碗茶请他喝。"他说："为什么请他喝茶呢？"我说："他从远处走来，一定有点口渴，所以请他喝碗茶，解解渴。"我继续说道："我们喝茶和你们不同，你们放牛奶白糖的。我们也不像你们把茶叶在茶壶里煮得很浓的，茶一煮得太浓了，就有点苦味。若是放了牛奶白糖，茶味香气都消灭了。我们只拿一点茶叶，放在碗里，把沸水冲上去，用碗盖盖住。不久茶叶涨大了，茶汁泡出来，碗盖一开，香气扑鼻。味儿鲜美，着实可口呢。"她听了这样一番泡茶的大道理，以后我每次去拜访他们，她总是亲自跑到厨房里，泡一碗绿茶请我呢！我觉得这样麻烦她，实在有点不好意思。她对我说："你不要客气，我要使你觉得好像在自家里一样舒服呢！"美国人之招待中国人，真是无微不至了。那天，我们谈了一息，就吃中饭。在美国圣诞节都要吃火鸡的。我第一次在此地吃这种野味。吃饭时，随便谈谈笑笑，他们问问我国的风土人情。我也学学他们的过节礼貌。饭后坐了一息，我就想告别。克氏夫妇看见我要告辞，似乎表示很惊讶，以为有什么地方得罪了我！我以为他们只请我来吃中饭的，所以吃了中饭，就预备走了。克先生说："今天下大雪，我们的两个小孩子要同你玩雪车去呢。"我说："好极了。"兄妹二人就和我出去玩，我们每人带了一辆小雪车走到山顶，伏在草上向前一扑，车子就"刺"溜下去了，溜到山脚下把车子拖到山上，再伏在上面又"刺"溜下来。这是美国雪天儿童的玩意儿。那天下午我也做个儿童，破题儿第一遭大玩其雪车。玩到四点钟光景，我们三个人，回到家里吃点心，吃了点心，师母弹琴，先生唱圣诞歌，《平安夜》（Holy Night）。他们原是德国人，所以用德文唱，据说这首歌原来是德国的诗人做的。我今天第一次听德国人唱德文圣诞歌。他们还唱一首马丁路德做的德文歌。第一首歌是非常幽雅，第二首歌是非常雄壮。德国人之爱好音乐，我在此地见到了。可惜我不会唱歌，又不会唱戏。不然这个佳节还要过得快乐呢！是晚我回到宿舍时，已万家灯火了。

三、我的美国朋友

从前在跑铁马做过一任市长的叫作虎珀尔（Hooper）。虎氏夫妇都很有学问，谈吐非常幽雅。他们有一次请我们中国学生去吃饭。我们一进门，他们就来招待我们，并且他们的三个女儿也出来招待，他们和我们一起吃饭。从前我在上海学的吃饭礼貌，现今用得着了。美国人吃饭，很讲礼貌的，况且今天在市长家里呢！我就把学过的一点礼貌统统用了出来，博得市长夫妇的大大赞赏，他说我们中国到底是礼仪之邦。幸而我在上海学了一点，不然要大丢其脸了。市长家里很讲礼貌的，当初市长和我们坐在客厅里，正在谈话的时候，市长夫人进来欢迎我们。市长一看见夫人进来，就立刻站起，表示敬意。我们看见市长站起来，也就一起站起来。那时我以为第一次看见主妇是要如此客气的，以后就不必如此了。哪里知道每次主妇进来，做男主人的都要站起来的。

　　在跑城我认得一著名牧师名叫麦克唐纳（McDonnall），在他的家里，我吃过好几次饭，他的夫人也很有学问。他们有一个小女儿，名叫 Pheobe，天真烂漫，好像小天使。这位牧师原是苏格兰人，小时在煤矿里做小工。一天运煤铁轨被仇人破坏，有一辆小火车乘了二三十个工人从工厂下驶。麦氏看见铁轨已被破坏，连忙去报告。跑到半路，看见小火车如飞驶来，心里非常着急，就大声喊叫，喊叫无效，遂倒卧在铁轨上以阻止火车。不料火车快要到麦氏身边时，司机才发觉有人卧在铁轨上，司机赶快停止前进。还算幸运，麦氏没有被轧死，仅一只右臂被车轮截断了。工人下车一问知道原委，就集资送他到学校里去读书。由小学而中学，由中学而大学，由大学而神学院，十余年工夫麦氏学业成就了。麦氏人格高尚，讲道很有力。他的教堂每礼拜天总是挤得满满的，我也常常到那里去听道的。

　　有一位朋友会的信徒林牧雷（Lindley）是跑城青年会学生干事。我到跑城读书就与他接交，使得他的帮助不少。三月前林氏还写信给我，说起我在他的田园里采草莓吃的故事。草莓从前我没有看见过，也没有吃过。有一天我到他家里去玩，我看见田园里生着杨梅似的血红果子。他说很好吃的，我就采了很多，大吃而特吃。他是朋友会（Quakers）的信徒，这种信徒，爱好和平反对战争。美国参加世界大战时，不知道有多少朋友会信徒下狱呢！林君为人非常可爱，他常带领我去做礼拜。朋友会的教堂是非常简单，不点蜡烛，不用跪拜，没有耶稣像，更没有圣母像，天使像。教堂的气氛倒很严肃幽静。我进去只看见许多信徒一个一个轻轻地走进来，静静地坐在椅子上，一点也不作声。坐了一息，有一个人站起说："请唱第几首圣诗。"唱好，大家又坐下，仍旧不作一声。过了一息，又有一个人站起来做祷告，祷告做完，大家又坐下，一声也不响。过了一息，又有一人站起来，讲了几句就坐下。大家又静静地坐着。再过了一息，唱诗祷告，礼拜就此告终。

　　这种礼拜上帝的情形，是我第一次看见。他们没有一种固定的仪式，也没有一个固定的牧师。凡受圣灵感动的，都可以站起来说话。若没有受圣灵感动的，还是不说来得好。圣灵感动你唱歌，你就唱歌。圣灵感动你祈祷，你就祈祷。整个的礼拜中，一点没有虚伪的情形。一举一动，完全出于至诚。林君是这样一个诚实的信徒，我得着这种信徒做朋友，实在觉得运气呢！

霍普金斯的美国同学待我很亲爱。有一个同班的，名字叫作海氏（Pearce Hayes），他是一个牧师的儿子，认识了一位窈窕妩媚的美女，他时常带我到她那里去玩的。有一天她对我说："我要亲自做饭给你们吃！"其实这个"你们是你"，她不好意思在我的面前直说要请她的男朋友呢。到了约定的晚上，我们一同去了。到了那里，一揿门铃，她穿了一件雪白的围裙，戴了顶雪白的小帽，匆匆地跑出来，替我们开门，还说："对不起，饭还没有烧好呢！"她桃花似的红脸，本来是弹指可破的，现在给白裙白帽这一衬，显得分外鲜艳可爱了，无怪乎我看了，疑心她是天女下凡呢！

她招呼了我们坐下之后，就跑到厨房里去烧菜了。我们就连忙跟进去，帮同她一起烧饭。烧了就拿出来吃。什么菜，我不记得了，不过我还记得那天吃的菜格外有滋味。晚饭后，她弹琴，我们唱歌。光阴太无情，过得太快，忽而钟鸣十下了，我们遂告辞回校。这种情景，到今天还隐隐约约在我的脑筋中呢！这对青年男女，后来结了婚，到中国来传道。五年前告假回国，路过沪上，得再重逢，愉快异常！

我的人缘非常之好，跑城有三家人家待我像一家人。吃饭是用不着请的，随便什么时候去，都受欢迎的。这三家人家都是经商的，都是虔诚的基督徒。

一家是一对新婚的青年夫妻，名叫桑特司（Saunders）。我怎样认识他们的，我不记得了。这对夫妻没有受过高等教育，但是很忠厚，很诚实，待我非常亲爱。我在他们家里，不知吃了多少次饭呢！一个中产阶级的商人家庭，我也看见过了。

撒顿（Sutton）老先生是再有趣没有了。他是百货商店的老板，他有四个儿子，两个女儿，大儿子叫约翰，在百货商店做事，二儿子叫华尔德（Walter）比我高二班，三儿子叫保罗（Paul）和我同班，小儿子叫佛兰格林（Franklin）比我低一班，大女儿已出嫁了，二女儿叫玛丽亚在跑城女大读书。他有三个儿子和我同学，所以待我很好。他常常对我说：Chen, this is your home. Whenever you feel homesick, just come here.（陈，这就是你的家。你一想家，就到这里来！）所以我一觉得有点寂寞，就到他的家里去。他一看见我，总是从他自己袋里摸出一手把巧克力糖（就是用白锡纸包的）暗暗地放进我的袋里。放了以后，笑嘻嘻地对我说道："现在你不会想家了！"巧克力果然灵验，我吃了，"想家病"就不知逃到那里去了。晚饭后，我们几个男女学生，就谈谈唱唱。我每次总是想家而去，尽兴而返。今日回忆犹如昨日呢！

还有一家我永不会忘记的，就是桃核尔（Doyle）。桃氏一对老夫妻，只有三个女儿，没有儿子。两个女儿出嫁了，大女儿嫁给杨医生（Dr.Young）在北平协和医院当医师。二女儿嫁给一个生意人。小女儿在家侍奉双亲。这个小女儿很孝顺，因为不忍离开年老父母而放弃几次嫁人的机会，现已快老了，只有终生独身吧！世人常笑美国人不孝顺父母，看见此女也有惭愧呢！桃核尔先生好像是做保险生意的。为人沉默寡言，和蔼可亲。他们两老因为没有儿子，待我很亲爱，好像自己的儿子一样。所以我叫两老"爸爸妈妈"，叫小女儿"姊姊"。她比我大，叫我"弟弟"。我常常和胡宣明博士到他们家里去玩，去吃饭。有时候我们在中国店里买点中国面、中国酱油，到他们家里去烧烧，请他们吃。他们觉得非常可口。有时候我去吃晚饭，看见他们还没有烧好，就帮同姊姊斩斩肉，洗洗菜。桌布总是我摊的，刀叉也是我摆的，饭巾也是我放的。吃了饭之后，我就帮同洗碗揩碗。我是他们的弟弟，着实得他们的欢心呢。哪知道一别十余年，昔日的"小弟弟"已变为七个小孩子的父亲了。韶光不留情，人生如过隙。追昔抚今，能不慨然！

四、消释误会

我初到跑城时，住在宣明所介绍的"饭馆太太"（Mrs.

Riceman）"家庭旅舍"里。这种旅舍在欧美到处都有，里面可以寄膳，也可以住宿。初到时，每星期寄宿费美金二元，膳食费美金四元，一日三餐。因饭厅不大，分两批吃饭。每批一长桌，约十人寄膳。寄宿的都是霍普金斯的男女学生。宣明和我同桌。

有一次我给他戏弄得涕泗交流。我初到美国非常好奇，什么东西都要学，什么东西都要做。凡是放在桌上的食物，我总要尝尝看。中国学生十之八九，不喜欢吃奶酪（Cheese"欺死"）。我倒食之如饴。有一天宣明指着桌上的小瓶说："老头儿（Old Man，这是我们互相称呼的绰号），这个瓶里的东西很好吃，你可尝尝看！"我拿来一看，里面装着生姜似的杂碎，不管三七二十一，就用小匙舀了一匙出来放在盘上，再用叉叉起放进嘴里。不到两秒钟，小脑、眼睛、鼻孔都感觉猛烈的刺激。再过了两秒钟，眼泪鼻涕如潮涌出来了！你道这是什么东西？原来是比辣椒还要辣的苦萝卜（Horse radish）。

说起寄宿问题，我要略略告诉你们当时的情形。宣明比我早到三年。那时他要找一个寄宿的地方，我已经说过，欧美都有"家庭旅舍"。但是最普遍的，还是"家庭寄居"。普通家庭常常分租一二间房间出来给学生住，有时还可供膳。宣明就想找这样的一个家庭住住，但是找来找去，总碰到一碗"闭门羹"，说："我们不招待中国人。"他们素来所看见的中国人，都是开饭馆、洗衣服的。他们在报纸上所读到的中国人，在电影中所看见的中国人，都是强盗、土匪。所以当时那跑城的一般普通美国人都怕中国人，不肯接受宣明到他们家里去住。有一个六十余岁朋友会信徒铅匹女士（Miss Kemp）见他无处安身，就大动恻隐之心，收留他在她家里，她说："让我来试试看。"宣明是一个非常诚恳的基督徒，也是一个富于国家观念的中国读书人，苦心孤诣与环境相奋斗，为国家争光荣。一方面刻苦攻读，研讨学术，一方面课余之下，接交社会人士，转移他们的错误观念。后来我到跑城读书，住处都由他替我找的，绝对不像从前之难了。当初到跑城的时候，普通美国人对于我们中国人有许多错误观念，他们想中国的男子总是头背后拖一根长辫子的，中国的女子总是缠小脚的。他们还道那些穿西装的漂亮黄种学生，总是日本人。这种观念不要说普通美国人是有的，就是我们的洗衣侨胞，有时候难免没有。有一天，我拿了一包穿脏的衣服，到一爿中国洗衣铺里去，我走到那里，把衣服放在橱上，一个侨胞不问皂白，拿起衣包掷在马路上，口里还骂着："你，日本小鬼滚出去！"我说："我是中国人，不是日本人。"他说："我不信。"我说："我来写给你看。"他给我一张纸，我就写了几句中国话，他才相信我是他的同胞，而且立刻待我很客气。临别时，他还笑嘻嘻地对我说："唐人姆（不会）讲唐话。"他以为广东话是唯一的中国语，你若是不会说广东话，那就算丢脸了。这是二十余年前的情形，现在我想一定改变了。那时候一般普通美国人对于我们中国人既然有上面所说的种种不良的印象及误会，我们在那里求学的中国学生，就觉得我们的使命之重大了。宣明先打头阵，我到那里，就开始积极进行，处处以身作则，以引起他们的注意，以改变他们的观念。那时有一中国女子，名叫石腓比，在跑城女大读书。她是一个典型的中国女子，又幽雅又艳丽，功课又好。美国女同学很羡慕她，都愿意和她交往。她对于宣传工作，也尽了不少力量。不久中国学生渐渐多了，孙克基、朱君毅、石美玉、万兆芷、许女士都到跑城来了。我们就组织了一个跑城中国留美学生会，一方面互相切磋，促进友谊，一方面进行所谓"人民外交"与美国人士相联络，以宣传我国固有之文化而转移该邦人士之错误观念。数年之后，成效大见，中国学生在跑城到处受欢迎。胡宣明正要离开跑城的时候，年近古稀的那位铅匹女士，还泪珠涔涔感伤离别呢！

五、两件有意义的工作

在美国我做了几种工作值得叙述的。

第一件就是宣扬我国的文化。周校长在国内时，不是常常叮嘱我们，叫我们担负这种宣扬的责任吗？所以我就不自量力地努力宣传，除随时与美邦人士直接接触外，还到各地讲演，务使错误观念，得以矫正，友谊感情得以增进。不过第一次的尝试是一大失败。

我初到跑城就有一位美术学校教师请我向他的一班学生讲孔子大道，我想："宣扬文化"正其时矣，就答应了他。我预备了几天工夫，就去执行我的使命了。到了学校，走进教室，一看四十来个女学生正坐在里面。她们一看见我进去，就鼓掌欢迎。某教师就很客气地介绍我说："陈先生刚从中国来。中国几千来年受孔子学说的影响很大，今天你们可以听到中国人讲中国的大道，这不是很荣幸吗？况且你们今天第一次听见中国人的讲演，我知道你们一定很感激的。"这样介绍之后，我就开始大声演说。我说得很响，不要说三四十人听得"如雷贯耳"，就是三四百人听了，也要有"发聋振聩"的影响了。不料这样大声疾呼，呼了一刻钟，我声音就像云消雾散，不知到哪里去了。但是那位美术教师请我讲一小时的，我怎样可以演说了一刻钟，就停止呢，只得厚着脸皮喊着喉咙讲下去。当初我大声喊叫的时候，女学生个个都抬着头，张着眼睛，显出惊奇的样子，以为我是一个大演说家，后来我把喉咙喊哑了，他们都垂着头，有一点不好意思看我了。

讲演之后，我回到青年会，心里十分懊恨，就关上房门，倒在床上，大哭了一场，是日晚饭也未吃。我为什么大哭呢？

我哭我没有前途了，我想我今天对三四十个人讲演尚且如此，将来如何对三四百人讲演呢！如何对三四千人讲演呢！那时候我在清华时的一种勇气、好胜、自信、自尊的态度好像变成沮丧、失望、自弃、自卑的心理了。第二天一觉醒来，精神稍见恢复，我自慰说："从前希腊最著名的演说家提忙司尼司（Demonsthnes）不是受过敌人的侮辱吗？他在议会与敌人争辩时，期期然说不出话来，招致敌人的热嘲冷骂。他是患口吃的，心中虽有经纶，不能表达，所以他决意要战胜困难，每天早晨他衔了石子，对海里汹汹狂涛演说。如此练习之后，他的口吃病好了，他再回到议会与敌人舌战。那时他的声音如洪钟狂鸣，他的姿势如万顷波涛。从前笑他、骂他的，现在都敬他、畏他了。

我想到这件演说家的故事，无形中得到不少安慰。你们要知道这是我第一次用英文讲演。我在清华时虽曾经参加英文演说比赛，但是演说比赛与实际讲演是不同的。现在我想想那次失败实在也难怪的，我从前在国内所有的说话经验是"演说"不是"讲演"。讲演与演说不同，我以演说声调姿态，去对三四十人讲演。哪有不失败之理！但多一次失败，多一次经验，多一次教训。失败是成功之母，一年之后，我的英文程度高了一点，我的讲演能力也强了一点。我遂于暇时、星期日到各处讲演，宣传文化，便处处受人欢迎了。

　　第二件我要说的就是担任童子军的工作。中国华侨在美国总有几十万人，在纽约也有几万人。侨生的也不少。一九一七年，我到了纽约，看见一队中国童子军，非常兴奋。他们叫我做他们的队长，我就欣然担任了。副队长李士衡是广东人，他是从中国去的。他能说广东话，又懂得儿童心理。他教导儿童，非常热心。我们这个队是在纽约美国童子军总部登记的，全军分两小队，一叫"老鹰"，一叫"老虎"。我们每星期六晚上开会讨论，并举行讲演比赛。每逢假期到郊外旅行野餐。我记得有一年冬天，我们全体团员到野外树林里露宿了几天，觉得很有意思。现在童子军的团员都已长大了，李士衡担任上海某烟草公司驻华经理，李扬安当年是老鹰队队长，毕业于美国本雪回尼亚大学后，回国执行工程师事务。还有许氏孪生兄弟都在大学毕业，为社会服务了。这几位是我所知道的，其余大学毕业而留居美国还有不少呢！